시옷의 세계

시옷의 세계

김소연

마음산책

## 김소연

시인. 아무도 내게 시를 써보라고 권하지 않았기 때문에 시를 쓰는 사람이 되었다. 시집 읽는 걸 지독하게 좋아하다가, 순도 100퍼센트 내 마음에 드는 시는 직접 써보고 싶다는 생각을 했다. 그 생각을 했던 도서관은 지금 사라지고 없다. 그곳에 다시 가고 싶을 때마다, 나는 인파 속으로 걸어 들어간다. 바쁜 걸음들 속에서 혼자 정지한 듯한 시간이 좋다. 혼자가 아닌 곳에서 혼자가 되기 위하여, 어디론가 외출하고 어디론가 떠난다. 그곳에서, 좋은 시를 쓰고 싶다는 열망보다 내 마음에 드는 시를 꼭 쓰고 싶다는 소망을 꺼내놓는다. 소망을 자주 만나기 위해서 내겐 심심한 시간이 많이 필요하다. 노력하는 것을 싫어하지만, 심심하기 위해서라면 최선의 노력을 기울여왔다. 심심함이 윤기 나는 고독이 되어갈 때 나는 씩씩해진다. 조금 더 심심해지고 조금 더 씩씩해지기 위하여, 오직 그렇게 되기 위하여 살아가고 있다.

시집 『극에 달하다』 『빛들의 피곤이 밤을 끌어당긴다』 『눈물이라는 뼈』 『수학자의 아침』 『i에게』 『촉진하는 밤』과 산문집 『마음사전』 『한 글자 사전』 『나를 뺀 세상의 전부』 『사랑에는 사랑이 없다』 『그 좋았던 시간에』 『어금니 깨물기』를 펴냈다.

# 시옷의 세계

1판 1쇄 발행 2012년 11월 10일
1판 16쇄 발행 2024년 8월 10일

지은이 | 김소연
펴낸이 | 정은숙
펴낸곳 | 마음산책

등록 | 2000년 7월 28일(제2000-000237호)
주소 | (우 04043) 서울시 마포구 잔다리로3안길 20
전화 | 대표 362-1452 편집 362-1451  팩스 | 362-1455
홈페이지 | www.maumsan.com
블로그 | blog.naver.com/maumsanchaek
트위터 | twitter.com/maumsanchaek
페이스북 | facebook.com/maumsan
인스타그램 | instagram.com/maumsanchaek
전자우편 | maum@maumsan.com

ISBN 978-89-6090-149-0 03810

* 책값은 뒤표지에 있습니다.

기이한 손가락에 불을 켠
기이한 시인이 당신 곁에 있다면,
당신은 이마를 기꺼이 맡기며
시인의 한마디를 경청할 수 있나요.

## 사 귐
이 책을 건네며

 사람을 잘 사귀는 이들을 보면 참으로 부럽단 생각이 든다. 잘 다가가고, 잘 대해주고, 자주 연락하고 자주 만나고 잘 논다. 유쾌하고 단순하게 깔깔거리는 사람들이 참으로 부럽다. 나는 누군가에게 잘 다가가질 못한다. 잘 대해주지도 못한다. 자주 연락할 줄도 모르고 자주 만날 줄도 모르고 잘 놀 줄도 모른다. 사람은 언제나 어렵다. 사람 앞에서 나는 언제나 서툴다.

 그나마 내가 친해질 수 있었던 사람들은 먼저 내게 다가와준 사람들이었다. 하지만, 다가왔던 사람들 몇몇은 더 즐거운 사람들 속으로 사라지고 또 멀어져갔다. 그래서일지도 모르겠다. 누군가를 떠올리며 미안한 마음과 마주하는 혼자만의 시간이 점점 많아졌다. 고마워하는 마음과 마주하는 혼자만의 시간도 많아졌다. 미안함과 고마움이 오래 교차될 때, 나는 그리움이란 직물을 직조해낸다. 혼자만의 방에서, 이 직물에 풀을 먹이고 다림

질을 깨끗하게 하는 것은 사람과 사귀는 나만의 방식이다. 그 직물을 무릎담요처럼 덮고서 나는 시를 썼다.

 사람을 만나러 나가지 않는 대신에, 사람의 삶을 엿보는 일을 은밀하게 즐겼고 혼자 상상하며 그 삶을 완성해보곤 했다. 친구들의 시를 엿보며 그 상상력을 은밀하게 훔치곤 했다. 사람을 만나서 나의 결핍을 채우는 대신에, 내 결핍의 영역에 존재할 은밀한 상처들을 해석하는 일을 해왔다. 나 혼자 잘 살기 위해 그랬던 것은 아니다. 언젠가 누군가에게 반드시, 선물로 내밀 만한 것을 만들기 위한 시간이 필요해서 그랬다. 건네받은 선물은 많은데 건네줄 선물이 궁색했던 나에겐, 이 방법밖에 없었다.

 이번 선물은 시옷의 낱말들이다. 사람이, 무엇보다 사람의 사랑이, 사랑의 상처가, 실은 그 선물이, 그리하여 사람의 삶이, 삶의 서글픔이, 그 서글픔이 종내는 한 줄 시가 된다. 세상을 바꾸려는 손길이 아니라 세상을 다르게 바라보려는 시선이 되는. 그런 시에다 옷을 입히듯 나의 이야기를 입혀보았다. 나의 이야기가 내가 좋아하는 시 구절과 사이좋게 사귀는 모습을 보고 싶어서였다.

  나는 떠올리는 것으로써 친구를 사귄다고 생각하는 것 같다. 나에게 세 걸음 이상 다가오지 않아준 배려 깊었던 친구들을 떠올리며, 나에게 세 걸음 이상 물러나지 않아준 한결같았던 친구들을 떠올리며 혼자서 설레어한다. 세 걸음 이상 다가가지도 멀어지지도 않는 것으로 누군가에게 우정을 다하는, 아직 만나본 적 없는 사람들을 떠올리며 설레어한다.

> 박꽃이 하얗게 필 동안
>
> 밤은 세 걸음 이상 물러나지 않는다
>
> 신대철, 「박꽃」에서

차례

사귐 이 책을 건네며  7

사라짐  17
사소한 신비  25
산책  30
살아온 날들  34
상상력 미지와 경계를 과학하는 마음  41
새기다 너에게 이름을 보낸다  52
새하얀 사람  57
생일  62
서슴거림의 기록 침묵 단상  67

선물이 되는 사람　73

선물이 되는 시간　80

세 번째 상하이　85

세월의 선의들　93

소리가 보인다　98

소심＋서투름 무뚝뚝함에 대하여　105

소풍 우리가 우리에게 가는 길　110

손가락으로 가리키다　117

손짓들　125

송경동　130

수집하다　136

순교하는 장난 김수영에게　148

숭배하다 당신의 거짓말을　159

쉬운 얼굴　167

쉼보르스카 비미非美의 비밀　173

스무 살에게 검은 멍과 검은 곰팡이와 검은 조약돌　180

Struggle　187

시야　193

시인으로 산다는 것 갈매나무를 생각함 199

식물원의 문장 213

신해욱 헬륨 풍선처럼 떠오르는 시점과 시제 220

실루엣 그림자론 231

심보선 감염의 가능성을 생각함 240

씨앗을 심던 날 단어를 찾아서 250

씩씩하게 254


이 책에 인용된 작품들 261

사      라짐

사      소한 신비

        산      책

살      아온 날들

        상      상력

        새      기다

새      하얀 사람

        생      일

서      슴거림의 기록

# 사 라 짐

첫눈이 왔다. 눈이 내리던 밤에 나는 사람들과 술집에 있었다. 창밖으로 하염없이 쏟아지는 눈을 골똘하게 쳐다보았다. 사람들은 아, 하고 신음과도 같은 짧은 탄성을 뱉었다. '아' 속에는 얼마나 많은 아련한 추억들이 담겨 있을까. 추억 한 자락이 없다면 도저히 불가능할 가냘픈 그 깊은 탄식이 들릴 때, 이 첫눈을 보고 있을 많은 이들의 입술이 떠올랐다. 모두의 입술 속에서 일제히, 조용히 새어나오는 탄식과 그 탄식을 먼발치에서 받아내며 떨어지는 희디흰 눈송이들. 어떤 눈송이들은 지금쯤 우리 집 장독대 위로 소복소복 떨어져 내릴 테고, 어떤 눈송이들은 지금쯤 바다 위로 떨어져 내려 흔적 없이 사라질 것이다.

무더운 나라에서 겨울을 보낸 적이 있다. 가을도 여름이었고, 거리에 캐럴과 크리스마스 전구들이 반짝거리던 겨울도 여름이었고, 여름도 여름이었던 곳에서 나는 더위에 지쳐 땀을 흘리며 겨울을 보냈다. 시원한 사탕수수 주스를 마시려고 길거리 카페에서 자리를 차지하고 있을 때였다. 게코<sup>작은 도마뱀</sup> 두어 마리가 스물스물 지나갔고, 나는 부채를 손에 들고 있었다. 서빙을 해주던 청년이 요즘은 날씨가 많이 서늘해졌다고 인사를 건넸을 때, 내가 살던 나라에선 오늘 첫눈이 오고 있을 거라고 나는 말했다. 그는 눈을 동그랗게 뜨고 물었다. 너는 눈을 직접 본 적이 있니. 나는 고개를 여러 번 활기차게 끄덕였다. 그는 또다시 내게 물었다. 너는 눈을 만져본 적도 있니. 나는 웃으며 고개를 여러 번 끄덕였다. 그는 눈이 어떤 느낌일지 궁금하다고 했다. 눈을 직접 만져보는 것이 소원이라고 했다. 나는 아주 차갑고, 그리고 부드럽다고 대답했다. 그는 거짓말 같다며 빙그레 웃었다. 그곳은 영상 4도의 날씨를 한파라고 말하는, 아열대의 나라였다.

결빙이 풀리는 봄이 되어 나는 집에 돌아왔고, 눈을 한 번도 보지 못한 채 겨울을 보내버린 걸 애석해했다. 그런데 어느 날 봄눈이 엄청나게 쏟아졌다. 친구에게 문자 메시지가 왔다. 우리 모두에겐 마지막 눈이지만, 네게는 첫눈이겠구나 라는. 첫눈이라는 그 호명 덕분에 나는 잃어버린 첫눈에 대한 감회를 설레듯 안고 길을 걸었다. 봄꽃들이 쇼윈도를 가득 메우고 있었다. 아줌마, 튤립은 없어요? 프리지어는 있어요? 나는 두리번거리다 프리지어 스무 묶음을 골랐다. 한 아름으로 안길 만큼이었다. 첫눈이 온 날에 봄꽃을 사고 싶었다. 첫눈 오는 날에 프리지어를 살 수 있는 기적은 아무에게나 일어나진 않을 거였다. 그런 행운을 누려본 사람은 아주 드물 거라고 생각했다. 이 세상에서 아주 드문 일, 그런 일을 내가 하고 있었다. 그날 내가 방문했던 어떤 사무실에 그 꽃은 선물로 건네졌다. 사무실에서 나왔을 때, 마지막 눈이었던 나의 첫눈은 감쪽같이 자취를 감춰버렸고 하늘은 맑게 개어 있었다.

어떤 겨울엔 고층 오피스텔 커다란 창문 바깥으로 펑펑 쏟아지는 첫눈을 혼자서 내다본 기억이 있다. 창문 바깥은 온통 논밭이었고, 첫눈이 쏟아지던 시간은 해질 녘이었다. 그때 그 눈은 내리는 눈이 아니라 메우는 눈으로 보였다. 눈앞에 펼쳐진 허공을 엄청난 눈송이들이 메우고 있는데, 허공이 지독하게 광활하고 허해 보여 무섭기까지 했다. 함박눈이 쏟아져서가 아니라 아무렇지도 않던 허공이 그토록 허하고 광활했단 사실이 놀라워 아, 하고 신음과도 같은 탄성을 내뱉었다. 함박눈은 허공을 가시화하기 위한 잠깐의 신기루 같았다.

또 밤새 눈이 왔다. 조용히. 천천히. 나긋하게. 백석의 나타샤가 생각났다. 당나귀도 생각났다. 응앙응앙 하는 울음소리도 생각났다. 흰 바람벽도 떠오르고 갈매나무도 떠올랐다. 인적 드문 우리 동네 골목에서 아이들이 노는 소리가 들려왔다. 서로서로 큰 목소리를 내는 걸로 보아서, 눈싸움을 하며 눈을 뭉치고 놀이의 규칙 같은 걸 만들어가는 중이었을 거다. 눈이 오니까, 이 골목에도 아이들이 살고 있음을 알게 됐다. 함박눈 때문에 아이들이 골목을 점령했고, 아이들이 떠들며 노는 소리 때문에 까맣게 잊었던 친구들이 내게 다가온 느낌이 들었다.

눈이 온다 하며 뜬금없는 인사를 건네고 싶어 가장 먼 곳에 사는 지인에게 문자 메시지를 보냈다. 이 눈을 혼자서 바라보고 있을 몇몇 벗들에게도 눈이 온다 인사를 건넸다. 이 밤에 혼자서 커피를 내려 마시는 누군가에게, 이 밤에 혼자 읽던 책에 밑줄을 긋고 그 구절을 나누고픈 이를 떠올리는 누군가에게.

그들은 이제 세상으로 돌아가는 것인데, 세상으로부터의 첫 선물은 하나의 쉴 공간이며, 그 다음으로는 평평한 탁자와 침대가 선물로 주어진다. 가장 행복한 사람에게는 침대를 함께 나눌 누군

사
라
집

가가 주어질 것이다.

존 버거, 『그리고 사진처럼 덧없는 우리들의 얼굴, 내 가슴』에서

    나의 뜬금없는 연락에 한 친구가 존 버거의 문장으로 답을 보내왔다. 한 구절씩 끊어 다섯 번에 걸쳐서. 눈이 오는 것이 선물처럼 여겨질 사람들을 떠올려보았다. 종일의 노동으로 고단해진 몸을 이끌고 집으로 돌아가는 사람에게 평평한 탁자와 침대가 선물이 되듯, 내리는 눈이 벗이 되거나 외투가 될 사람을 떠올려보았다. 맥주 한 캔을 사러 슬리퍼를 끌고 편의점을 갈 츄리닝 바람의 사내, 가로등 아래에서 미처 헤어지지 못한 채로 묵묵히 마주하고 있을 애송이 연인, 답장 없을 메일을 쓰고 있을 한심한 영혼, 이불의 모퉁이를 붙잡고서 달디단 꿈을 소망할 쓸쓸한 이, 술이 술을 마시며 퀭한 눈동자로 눈 오는 창밖을 바라보고 있을 술꾼, 이 밤에 별과 별이 뜬금없이 만나서 별자리를 만드는 경이로움에 새삼스러운 감탄을 하고 있을 먼 나라의 천문학자, 아픈 부위가 밤새 아프고 저린 부위가 밤새 저릴 환자, 그들에게 눈이 온다 말하고 싶었다.

나는 카메라를 들고 실내에서 바깥을 빼꼼히 내다보며 사진을 찍었다. 금세 사라지고 말 것들에 렌즈를 들이대며, 금세 사라지고 말 것들을 언제고 이렇게 부지런히 기록해두며 살아가고 싶다고 생각했다.

첫눈이 오던, 해마다의 겨울날들을 생각한다. 누군가 곁에 있었든 혼자였든, 언제고 설렜던 기억들을 생각한다. 모두의 입술 속에서 새어나온 아, 하는 한 음절의 탄식을 생각한다. 모두의 가슴속에 들어 있던 설렘이 동면에서 깨어나 첫 기지개를 켜게 하는 첫눈을 생각한다. 첫눈이 오는 날에는 우리 안의 감열선이 온기를 내뿜는다. 뿌옇던 유리창이 맑고 또렷해진다. 헐벗은 산과 길과 마당이 첫눈을 솜이불처럼 덮고 잠든다. 첫눈을 맞으며 집으로 돌아가는 어떤 사람의 뒷모습을 생각한다. 그 집에서 따슨 국을 끓여놓고 그를 기다리고 있을 한 사람을 생각한다. 덧없는 첫눈을 통해서 덧없는 것들을 생각한다.

보이니?

사 라 짐

눈 오는 숲은 일요일이다.

영원히 계속될 듯.

하지만 마침내 그칠 것이다.

그때 눈은 숲의 내부로 스며든다.

내 손이 닿지 않는 데까지

낙망하지는 말아다오.

어쨌든 지금은

순수한 현재.

황인숙, 「흰눈 내리는 밤」에서

## 속내

사람의 속내가 빤히 보일 때는 내가 좀 움직여보자. 너무 한자리에 앉아 있었단 증거일지도 모르니까.

사람이 너무 안 보일 땐 그땐 좀 진득하게 앉아 있자. 너무 움직였단 증거일지도 모르니까.

## 사소한 신비

　**넌 왜 그렇게 의심이 많니.** 어릴 때 어른들에게 자주 듣던 말이다. 친구들에게도 자주 들었다. 자주 듣고 살다 보니, 당연히 나는 의심이 많은 사람이려니 했다. 그러나 그것은 의심이 많은 게 아니라 알고 싶은 게 많은 탓이었다. 인과관계에 대한 궁금증이 너무 커서, 일일이 모든 것에 대해 설명을 듣고 싶었다.

　**이건 이렇게 하는 거야.** 어른들은 내게 무엇을 가르칠 때마다 '이렇게 하면 된다'고만 말했다. 왜 그렇게 하는 게 맞는지, 그 자초지종을 조근조근 듣고 싶어서 번번이 나는 왜요? 질문을 던졌고, 넌 왜 그렇게 의심이 많니라는 말이 돌아오곤 했다. 이 말은 질문을 그만두게 하는 희한한 효과가 있었다. 결례를 한 듯한 무안함 때문에, 나는 궁금증을 멈추고 나에 대해 생각했다. 나는 왜 의심이 많은가 하고.

　의심이 많고 믿음이 부족한 사람이라는 사실에 주눅이 든 채로 유년기를 보냈다. 언제부턴가 궁금한 것이 있어도 묻지 않고 혼자 조용히 상상해보거나 조사를 해보거나 하는 식이 됐다. 혼자서 상상하거나 공부할 때, 의심이 많아서 이러고 있다는 사실 때문에 마음 한쪽이 늘 편치 못했다. 궁금증은 마음의 불편을 감내해야 할 만큼 컸고, 혼자서 알아내느라 간혹 멋대로 이해하는 일은 내 몫이 되어갔다.

호기심을 참지 못해 질문을 하고야 말았던 데에서 출발한 내 의심은 나를 비관주의자로 만들어가고 있었다. 호기심은 예상하기를 즐겼고 예상은 맞아떨어질수록 좋았고, 나는 나쁜 쪽의 예상을 즐겼다. 낙관은 대체로 빗나갔지만 비관은 대체로 맞아떨어졌다. 낙관은 허술한 것으로, 비관은 치밀한 것으로 여기기 시작했다. 주눅은 어느새 사라졌고 긍지 비슷한 게 생겨버렸다. 의심의 기술은 점차 예민해져갔다. 목격하고 겪는 모든 일에 대한 나의 비관과 의심에 한하여 나는 낙관주의자가 되어갔다.

지루하디지루한 타르코프스키의 영화 〈희생〉을 보았다. 소생할 수 있다는 믿음 하나로 죽은 나무에게 물을 주는 꼬마가 등장했다. 의심이 많은 것을 고도의 정신적 능력이라고 자부하던 나는 이 영화에서 믿음이란 키워드를 목격하고 몹시 혼란스러웠다. 믿음이라는 말은 그야말로 키워드였다. 그의 산문집 『봉인된 시간』을 읽기 시작했다. 이런 문장이 있었다. 인간이 믿음을 상실한 그만큼, 현대 문명의 대부분은 기적에 대한 이해 역시 상실하고 말았다. 이 문장을 나는 이렇게 받아들였다. 이 세상에서 더 이상 기적이 일어나지 않는 이유는 나같이 의심 많은 사람 때문이라고. 의심이 많아서 생긴 주눅이 자부심으로 변한 지 오래지 않아 나는 의심이 많은 사람으로서의 책임감 비슷한 쪽으로 옮아가고 있었다.

그 후로 얼마나 자주, 얼마나 간절하게 사람과 사람 사이에서 믿음이라는 것을 직접 겪고 싶어했는지 모른다. 믿고 싶었고, 믿을 수 있기를 바랐다. 우선, 믿음직한 사람이 되고 싶었다. 그런 다음에야 믿자는 말을 감히 할 수 있을 것이므로. 인간과 인간 사이에서 믿음이란 게 어떻게 가능한 것인지 느껴볼 인연이 내게는 없었다. 증명해 보인 만큼만 그 사람을 믿되 불신에의 가능성을 미리 작동하지 않는 게 최선의 방법이었다. 그러니까 의심의 대지 위에 믿음을 가건물처럼 세워두는 것을 허가했던 것이다.

스캇 펙의 『아직도 가야 할 길』을 우연히 읽었을 때, 믿음이 그저 의심하지 않음을 뜻하는 건 아니라는 사실을 알게 됐다. 믿음은 좀 더 다른 차원의 것을 볼 줄 아는 능력에 가까웠다. 희미하게 산재되어 있는 인과성을 헤아릴 줄 아는 능력, 내가 다 헤아릴 수 없는 영역에서 발생하는 영향력, 망각했고 홀대했고 무감했지만 이미 도착해 있는 가능성. 책에는 은총이라는 말이 믿음이라는 말과 함께 적혀 있었고, 저자는 자기 삶에 찾아온 자잘한 은총들을 자랑했다. 그 사례들을 읽어 내려가면서 이런 일은 나에게도 너무 많이 일어났던 것임을 기억해냈다. 나에게 일어났던 작은 혜택들이 실은 은총이었으며, 그건 내가 믿었기 때문에 가능했을 기적이었다는 것을 알게 됐다. 나에게 일어났던 일이라고 해서, 이건 매우 시시한 사건에 불과하며 당연한 과정 중 하나일 뿐이라 여겼던 건 교만임을 아주 뒤늦게 알았다. 나에게 일어난 우연한 일들과 나를 여태껏 지탱해주었던 자잘한 행운들은, 내 믿음의 결과물이었다. 나는 나도 모르는 사이에 믿음의 소유자로 살았을지도 몰랐다. 그제야 책상머리에 붙여놓고 지내던, 아무리 들여다보아도 이해하기 어려웠던 구절 하나가 희미하게 이해됐다.

> 믿음은 바라는 것들의 실상이요, 보지 못하는 것들의 증거니라.
> 히브리서 11장 1절에서

믿음보다 의심 쪽에 기울어 살던 사람이라선지, 나는 믿음보다 의심을 더 잘 이해한다. 진실보다 거짓에 대한 이해력이 훨씬 높다. 이 불행은 진실로 불행이지만, 시인이라서 그나마 덜 불행이기는 하다. 불행은 삶에서 나를 힘들게 만들지만 시에서는 나를 힘이 나게 만들었다. 지금 나는 이 괴이한 변명 아래, 나의 희미한 이해와 희미한 믿음을 오래오래 견뎌보기 위해 이 시를 책상 앞에 붙여놓았다.

내게 진실의 전부를 주지 마세요,
나의 갈증에 바다를 주지 마세요,
빛을 청할 때 하늘을 주지 마세요,
다만 빛 한 조각, 이슬 한 모금, 티끌 하나를,
목욕 마친 새에 매달린 물방울같이,
바람에 묻어가는 소금 한 알같이.

올라브 H. 하우게, 「내게 진실의 전부를 주지 마세요」

## 산 책

 걸어주자고, 화분에 물을 흠뻑 주듯 내 육체를 위해 흠뻑 걸어주자고 야심한 밤에 길을 나섰다. 동네 친구의 늦은 퇴근 시각을 떠올리며, 그의 귀갓길 버스 정류장으로 나갔다. 밤 11시가 다 되어 그는 버스에서 내렸다. 거기서 그는 또다시 버스를 갈아타고 집으로 가야 했지만, 나는 산책을 하자고 덥석 손을 잡았다.

 우리는 돌멩이를 신발로 툭툭 차듯, 실없는 얘기들을 툭툭 내던지며 두어 시간을 걸었다. 걷다가 구멍가게에 들러 아이스크림을 하나씩 사서 먹기도 했다. 하늘을 올려다보면, 안개비가 가로등에 반짝거려 무지개가 보였다. 아파트 단지와 아파트 단지 사이에는 칠기처럼 윤이 나는 적막이 가파르게 놓여 있었다. 그때 우리는 우리의 발소리를 들을 수 있었다. 어떤 땐 차박거리고 어떤 땐 통통거리는. 내리는 비에 딸려 온 먼지 냄새를, 길가의 봄꽃 냄새를 실컷 맡았다.

 내가 흥얼거리며 노래를 시작하자, 친구가 따라 불렀다. 우리는 같은 것을 바라보며 같은 노래를 부르고 있었다. 같은 입 모양을 하고 같은 벤치에 앉아 있었다. 한밤중 텅 빈 학교 운동장에서 혼자 농구공을 팅기며 뛰어다니는 사람이 멀찍이서 보였다.

농구공이 땅에 부딪히며 공명하는 힘찬 소리가 발바닥으로부터 전해져 왔다.

　매번 혼자서 여행을 떠나버리는 나에게 외롭지 않더냐고 친구는 물었다. 지독하게 외롭다고, 무섭도록 외롭다고, 그런데 그게 참 좋다고 대답했다. 외로움의 끝자리엔 이 밤하늘만큼이나 텅 빈 생각이 홀연히 찾아온다고도 말했다. 그럴 때 찾아오는 간소하디간소한 평화로움과 비로소 온몸이 무정형이 되는 듯한 자유로움에 대해서는 상투적이게 들릴까 봐 말하지 못했다. 단지, 지금과 비슷한 느낌이라고 말해주었다. 활주로를 떠나는 비행기처럼 그림자가 저만치 내게서 떨어져나가는 느낌 같은 것이라고 말해주었다. 친구는 다음 여행은 함께 떠나보자고 말했다. 조금 뒤처진 채로 걷다가, 내 그림자가 떨어져나갈 때 조용히 주워 와 다시 내 신발에 붙여주고 싶다고.

　길들을 떠올렸다. 내가 그림자를 놓쳤을 법한 낯선 여행지의 길들. 스코틀랜드에서 네스 호 주변을 돌 때 만난, 팀 버튼 영화에서나 보던 곰팡이를 가득 껴입은 거목들의 길. 바라나시에서 소 한 마리만 버티고 있어도 지나갈 수 없던 좁고 구불거리는 그

길. 카트만두에서 자전거 릭샤를 타고 드라이브했던 뒷골목의 길. 노루가 느린 걸음을 멈추고 뒤돌아보던 한라산 1100번 길. 어촌 마을 무이네에서 오토바이로 달리던 해변의 길. 내비게이션에 나타나지 않아 허공을 달리는 것처럼 느껴졌던, 땅끝 마을 고정희 시인의 생가를 찾아가던 논길.

  집에는 혼자 걸어 돌아왔다. 다른 길로 더 멀리 돌아서. 보이지 않는 빼곡한 별들을 생각하며 걸었다. 물고기가 그물을 찢고 달아나듯 별자리 이야기가 그물 같은 별자리를 찢고 밤하늘로부터 빠져나와, 이 지상으로 후두둑 떨어져 내리는 장면을 상상하며 걸었다. 나의 촘촘한 그물에 걸린 물고기들을 생각했다. 물고기의 힘찬 지느러미가 내 그물을 스스로 찢고 달아나주었으면 하고 바랐다. 걸었지만, 날고 있다는 생각이 굴뚝같았다. 항상 다니던 길을 다르게 지나가보는 건 새 길을 걷는 것과 같았다. 칠기 같던 밤하늘은 사기그릇처럼 푸르게 변해 있었다. 비는 더 내렸고, 나는 허름한 신발에서 발을 꺼내 찬물에 담갔다. 오늘 치의 길들이 다 담겨 있어선지 두 발은 배부른 모양을 하고 있었다. 처마 아래 화분을 하나하나 옮겼다. 비를 실컷 맞을 수 있는 곳으

산책

로. 쪼그리고 앉아, 소원이 도착하듯 화분에 내려앉는 빗방울들을 골똘히 쳐다보았다.

> 별이 반짝일 때 어둠
> 여인들의 옷이 가벼워지자마자 봄
> 세상 사람들 모두 한 가지 소원으로 향기를 발한다
> 진정 평화로운 마음으로 나는 물고기
> 롬상로르찌 을지터그스, 「나는」에서

살 아 온   날 들


 그녀는 겁이 없었다. 위험한 것엔 짜릿함을, 안전한 것엔 무료함을 느꼈다. 안전벨트를 매지 않고 운전을 했으며, 교통신호를 어기며 질주하기를 즐겼다. 자유로를 달리며 운전 중에 사진도 찍었다. 로버트 카파는 전쟁터에서 목숨을 걸고 사진을 찍었으니 나는 목숨을 걸고 노을을 찍을 거야 혼잣말을 하며 씨익 웃곤 했다.
 그녀는 좀도둑질을 즐겼다. 로빈 후드나 홍길동처럼 스스로를 의적이라 내세웠다. 맛이 형편없는 음식점이나 서비스가 엉망인 카페에서는, 지불할 비용을 미리 아까워하며 테이블 위에 있는 것은 무엇이든 가방에 넣었다. 티스푼, 후추통, 창가의 꽃병 등 가리지 않았다. 필요치도 않은 그것들을 훔쳐서 그녀는 벗들에게 선물로 건네곤 했다. 특히나 맛없는 음식을 내놓는 으리으리한 레스토랑, 현란한 인테리어의 대형 서점, 대량으로 묶음 판매에 열중하며 과소비를 조장하는 듯한 글로벌 마트의, 삼엄한 경비를 뚫고 값나가는 물건 하나를 훔치는 일에 그녀는 스릴을 느꼈다. 훔친 물건을 들고 무사히 관문을 빠져나올 때면 목숨을 걸고 정의를 실천한 자처럼 어깨를 펴곤 했다.

그녀는 몸을 사리지 않았다. 셔터가 잠겨버린 3층 상가 안에 친구들과 갇힌 어느 새벽이었다. 머리를 맞대고 빠져나갈 방법을 찾다가 그녀는 공중화장실에 비치된 청소용 고무호스를 가져와 창밖으로 던졌다. 친구들을 건물 안에 남아서 호스 끝을 꽉 잡고 있게 하고서, 호스를 잡고 한 걸음 한 걸음 벽을 타고 내려왔다. 물론 그녀는 군대에서 유격훈련 같은 것을 받아본 적은 없었다. 함께 있던 친구들은 군대에서 유격훈련도 받아본 건장한 남자들이었지만, 그녀는 119구조대를 불러 그들을 사다리차로 우아하게 내려오도록 했다. 이런 사소한 일로 119구조대를 부르시면 곤란합니다라는 구조대원의 충고는 이미 내려와 있던 그녀가 들어야 했다.

그녀는 부수는 것을 좋아했다. 데이트를 갓 시작한 남자애가 옛 애인에 집착해, 옛 애인이 새로 산 빨간 승용차에 동승할 다른 남자를 질투하며 그 차를 다 부숴버리고 싶다고 넋두리를 하자, 가자, 가서 그거 부수고 오자 하며 그 남자애를 이끌었다. 망치며 톱이며 갖은 공구를 챙겨 들고 그 남자애의 옛 애인 집에 찾아갔다. 빨간 승용차는 골목에 예쁘장하게 세워져 있었고, 남자애와 함께 그녀는 순식간에 차 한 대를 다 부숴놓았다. 교회 사람들이 주 찬송을 하며 골목을 은은히 순회하던 크리스마스 이브의 새벽이었다.

그녀의 꿈은 카레이서였다. 그녀의 꿈은 경비행기 조종사였다. 그녀의 꿈은 열기구를 타고 강북에서 강남까지 하늘을 날며 출퇴근하는 것이었다. 그 모든 일을 하기 위해서 많은 정보를 수소문해보았으나, 그 꿈을 이루기에 그녀는 약간 가난했다. 그녀는 하루하루 용돈을 모으며 열기구에 몸을 실을 날을 손꼽아 기다렸다. 꼽던 손을 좍 펼칠 때, 놓쳐버린 풍선처럼 자기를 태운 열기구가 하늘 높이높이 올라 대기권 바깥으로 사라지는 장면을 상상하고는 했다.

우울증을 심하게 앓던 한 여자가 집에 있는 약이란 약을 다 입에 털어 넣고는 응급실에 실려가 위세척을 받았다는 소식을 들었을 때였다. 그래서 그 여자의 집에 약이란 약들은 다 없애버렸다는 이야기를 전해 들었을 때였다. 그녀는 그 이야길 전해준 가족에게 당부했다. 내가 만약 그런 결단을 내려 실천을 감행한다면, 그대로 두어달라고. 실천을 못하고 우유부단하게 지낸다면

살아온 날들

약이란 약들은 눈에 잘 보이는 곳에 두어달라고. 그녀는 몸에 상처가 나서 피를 흘리는 순간이 반가웠고, 흉터가 생길 때마다 행복했고, 고층 빌딩 옥상에서 아득한 아래를 내려다볼 땐 언제나 떨어지는 상상을 벗 삼아 커피를 홀짝였다. 언젠가 그녀는 친구에게 이런 편지를 보냈다.

그때 그 자리에 너도 있었던가. 시인 서넛과 소설 쓰는 사람 두 명쯤이 있던 술자리였는데. 거나하게 취했을 무렵, 우리가 정말정말 좋아하는 시를 하나씩 하나씩 읊었지. 캬~. 시의 끝에서 우리는 절로 한 음절짜리 추임새를 넣었고. 술맛 돋우는 데는 역시 시가 최고야! 한 시인이 자부심에 차 탄복하고 있을 때, 내가 했던 말 기억해? 지금 우리가 읊은 시들은 모두 다 시인이 이십 대에 쓴 거라고. 그때 나는 주위를 둘러봤어. 서로가 서로의 표정을 살펴보더군. 아무도 말은 안 했어. 이십 대를 훌쩍 넘어 마흔의 앞뒤를 살고 있는 우리. 우린 아랫입술을 내민 채로 눈만 끔벅이고 있었지. 그 표정은 도대체 뭐였을까. K야, 시인은 이렇게 오래 살면 안 되는 거야. 너도 그렇게 생각했지? 그러니까 그 새벽에 그런 문자를 보냈지. K야, 같이 죽자고 한 그 말 잊으면 안 된다. 너무 늦기 전에, 이 생각에 순도 백 퍼센트 동의하는 사람 서넛을 더 모아서 꼭 그렇게 하자. 술 깼다고 잘 살려 하지 좀 말고. 응?

그녀에겐 이 시대에 시를 쓴다는 건 장례식장에 둘러앉아 날 밝기를 기다리며 치는 화투 같은 거였다. 새로운 시를 들고 나타난 새로운 시인의 이름들이 함께 죽을 새로운 명단으로 보였다. 그들이 펴낸 새 시집을 어루만지며, 그녀는 이런 영화를 떠올렸다.

공산주의가 붕괴된 나라에서 노후를 살아가던 노인들이 공산당가를 합창하며 봄 소풍을 가다가 주유소에 들른다. 주유소에서 일하는 한 노인에게 묻는다. 그 사람은 어찌 지내는가. 이번 겨울에 죽었지. 음, 그랬군. 그래서 보이지 않았군. 서로 고개를 끄덕이곤 돌아서서 산속으로 유유히 걸어간다. 깊은 산속에서 노루며 햇빛이며 풍경을 즐길 즈음, 한 젊은 여자가 늪 한가운데에서 살려달라고 외친다. 노인들은 한 명씩 한 명씩 늪에 들어간다. 뭍에서부터 일렬로 나란히 서서 인간 징검다리를 만든다. 여인을 건져내어 옆 사람에게, 또 옆 사람에게 안아서 넘긴다. 그녀는 무사히 뭍으로 돌아왔고 고맙다는 인사를 하고 사라진다. 맑은 햇살이 산 너머로 사라지며 황혼을 흩뿌리는 광경 속에 노인들은 일렬로 늪 안에 서 있다. 점점 늪 속으로 빠져 들어가 겨우 얼굴만을 지상에 남긴 채로. 그 상태로 그들은 공산당가를 합창한다. 아무도 없는 산에서 그 노래는 메아리로 전해지고 그리고 엔딩 크레딧이 올라간다.[1]

이렇게 살아온 그녀가 이제는 이런 생각을 한다. 애지중지 키워오던 연꽃 봉오리가 거친 소낙비를 맞아 뚝뚝 잎을 떨어뜨리던 어느 날에. 제대로 피지도 못했는데 잎을 자꾸만 뚝뚝 떨어뜨리는 연꽃이 아쉬워서 밤새 우산을 씌워주며 비를 맞고 서 있다가. 비는 모질고 꽃잎은 여리므로, 나는 내 연꽃을 위해 비를 좀 맞아도 괜찮은 거라고. 소중한 걸 지키는 건 어떻게 하는 걸까 하고. 모진 계절을 함께 견딘다는 것은 도대체 어떤 걸까 하고. 연꽃이 뚝뚝, 뚝뚝 떨어지는데 할 수 있는 게 왜 하나도 없을까 하

---

[1] 노르웨이 단편영화 〈대동단결United We Stand〉(2002). 산스 페터 몰란트 연출.

고. 이렇게 소중한 것이 함부로 지지 않도록, 잘 지킬 수는 없는 것인가 하고. 그녀는 밤새 연꽃에 우산을 씌워준 채 비를 맞으며 생각하고 또 생각했다. 소중한 걸 지킨다는 게 무언지 종내에는 알게 될까. 그래서 가장 소중하게 생각하는 어떤 걸 종내에는 지킬 수 있는 능력이 생길까. 그녀는 철들지 않고 살아온 날들에 곱표를 한다. 이 시를 읽고 또 읽는다.

내가 사랑하는 사람이
나에게 말했다.
"당신이 필요해요."

그래서
나는 정신을 차리고
길을 걷는다
빗방울까지도 두려워하면서
그것에 맞아 살해되어서는 안 되겠기에.
베르톨트 브레히트, 「아침 저녁으로 읽기 위하여」

상 상 력
　미 지 와　경 계 를　과 학 하 는　마 음


**증표**

 오랜 여행을 끝내고 집에 돌아왔을 때, 벤자민 나무는 모든 잎을 누렇게 떨구고 말라 죽어 있었다. 푸석하고 허옇게 변한 나무줄기를 만져보니, 몸속에 남아 있던 최후의 수분까지 다 써버린 듯했다. 키우던 정이 있어 쉽게 버리진 못한 채, 한 달 남짓 바깥에 두고 그냥 지냈는데, 어느 날, 손톱만 한 싹이 옆구리를 비집고 나왔다. 찻잎처럼 작은 싹은 하루하루 쭉쭉 잎을 넓혔고 며칠 만에 무성해졌다. 윤기가 반들거리는 어린잎을 바라보다 나도 모르게 하늘을 올려다봤다. 하늘엔 구름의 방해가 없는 한, 하염없이 빛을 내려주는 태양이 있었다. 태양과 벤자민 나무 사이에 가느다란 직선 하나가 그어져 있었다. 내겐 보이지 않는.

 보이지 않는 것을 두고 '그어져 있었다'라 표현하는 것은 가능할까. '보이지 않게 그어져 있다'는 건 불가능한 표현일까. 가능한 표현이냐 불가능한 표현이냐 중에 하나를 선택해야만 한다면, 가능한 표현이라 말할 수밖에 없다. 죽은 나무에서 반짝거리는 어린잎이 삐져나와 있었으니까. 이건 저 태양이 내어주는 에너지에 이 나무가 연결돼 있다는 증표니까.

하늘을 올려다보게 됐다는 건, 죽은 나무에 일어난 어떤 일이 어디에서 기인한 것인지 내가 이미 안다는 뜻이다. 햇빛이라는 에너지가 저 먼 곳에서부터 여기까지 직진으로 달려왔다. 이 고속도로는 투명하고 환한 길이다. 오직 한 가지만을 실어 나르는 특별한 길이다. 음식을 실어 나르는 컨베이어 벨트처럼 햇빛이 지구까지 닿는 이것을, '길이 연결되어 있다'고 표현하면 상상된 표현에 불과할까.

새잎을 틔운 작은 나무 한 그루를 통해서 나의 시선은 머나먼 태양까지 다다른다. 그럼으로써 나는 지구와 태양의 거리, 무려 1억 5천만 킬로미터짜리의 공간을 체감할 수 있다. 사물 하나의 변화를 통해 공간에 대한 체감 능력이 무한히 확장되는 것, 그것이 상상력이다.

지난여름은 일본의 오키나와를 여행하며 보냈다. 석회암 돌계단과 돌담이 푸른 이끼를 두른 골목골목을 돌아다녔다. 구멍이 숭숭 뚫린 그 석회암은 원래 산호의 시체였다. 바닷속에 살던 산호 숲이 땅의 융기 때문에 지상으로 올라와 석회암이 된 것이다. 이 사실을 알려준 것은 과학이었지만, 이걸 과학하게 해준 것은

상상력

육지 위에 널려 있던 산호의 시체였다. 불가사의하고 기이한 어떤 증거는 억겁의 시간을 거슬러 올라갈 상상력을 작동하게 하고, 그래서 과학 없이도 이미 과학이 되곤 한다. 그러니까 나는 이렇게 표현할 수 있다. 지난여름, 오랜 세기 전의 바닷속을 나는 산책했다. 티베트의 남초 호수에서 짠맛을 느끼며, 오랜 세기 전의 바닷속에 서 있다고 표현해도 좋다. 히말라야의 산등성이에 올라서서, 인도 판과 유라시아 판이 충돌했던 엄청난 굉음을 만나고 있다고 표현해도 좋다.

자연이 우리에게 건네준 증표들을 통해서 우리는 감히 엄두도 못 낼 엄청난 시간을 거슬러 올라갈 용기를 얻는다. 시간을 거슬러서 연결 불가능한 것을 연결하는 용기를 얻는 것이 곧 상상력인 셈이다.

**징표**

지금 우리 집 바깥에선 남천의 푸른 잎이 빨갛게 물들기 시작했다. 잎 끝을 빨갛게 물들이는 남천을 통해서 나는 일교차가 커지고 있다는 걸 알고, 저만치서 가을이 오고 있음을 느낀다. 남천은 자기 몸의 온도가 부족할 겨울을 대비하는 것이다. 우선, 잎을 버릴 계획을 세운다. 잎을 다 버려야 아주 적은 에너지만으로도 건조하고 추운 겨울을 버텨낼 수 있기 때문이다. 잎을 버리기 위해 나무는 잎자루에 떨켜를 만든다. 떨켜는 잎이 광합성해서 만든 탄수화물과 아미노산이 줄기를 통해 이동하는 것을 막는다. 그럴 때 나뭇잎에 축적된 오도 가도 못하던 영양분이 색소 변화를 일으키고 낙엽을 물들이는 것이다.

버려야 할 것이
무엇인지를 아는 순간부터
나무는 가장 아름답게 불탄다

제 삶의 이유였던 것
제 몸의 전부였던 것
아낌없이 버리기로 결심하면서
나무는 생의 절정에 선다

도종환, 「단풍 드는 날」에서

상상력

 동물이 영양분을 비축해두는 습성으로 겨울나기를 하는 것과 비교하자면, 나무의 겨울나기는 반대 방향으로 진행되는 습성이 있다. 비축하는 것이 아니라 비우는 것. 단풍을 징표로 내세워 나무는 혹독한 시기 앞에서 자기선언을 한다. 아름다운 단풍을 통해 우리는 한 계절의 절정을 경탄하지만, 실은 나무의 비장한 결심이 낳은 징표에 대해 경탄하는 것이다. 그러니 단풍을 예찬하는 이 시는 단지 나무를 의인화한 상상력의 힘에 의해 써졌다 할 수 없다. 단풍은 어째서 푸른 잎사귀와 다른지를 두고서, 과학자는 영양분의 이동 방식을 찾아냈고, 식물학자는 떨켜라는 새로운 호명을 찾아냈고, 시인은 살아남기 위해 버린다는 것은 곧 아름다워지는 것임을 입증했다.

**경계**

 어떤 이는 시인을 엉뚱한 몽상가라 칭하고 어떤 이는 언어의 연금술사라고 칭한다. 또 어떤 이는 뛰어난 예언자라고까지 칭하기도 한다. 이 모두가 부분적으로만 옳다. 시인의 상상력이란, 정확하고 과학적인 증표와 징표를 통해 징후를 밝혀내는 논리적 과정이다. 그러니까 상상력이 풍부하다는 표현은 틀린 표현이다. 상상력이 정확하다라는 표현이 오히려 더 옳다. 보이는 세계와 보이지 않는 세계 사이에 숨겨진 공간들, 그 경계의 영역들, 그 이상한 미지의 세계에 대해 느끼는 우리의 모호함을 시인은 상상력의 힘으로 정확하게 호명해낸다.

> 음악은 (…) 붙들려 있는 듯싶다가 다시 떠나는 무엇이다. 지속되는 것과 흘러가는 것 사이를 잇는 가느다란 줄. 달아나버리는 것. (…) 소멸되는 빛 속에 간직된 불안정한 동요.
> 미셸 슈나이더, 『글렌 굴드, 피아노 솔로』에서

상반되는 두 쌍의 동사가 세 번 나오는 이런 문장이 있다. 붙들려 있다와 떠나다, 지속되다와 흘러가다, 소멸되다와 간직되다. 이 여섯 낱말은 음악이라는 모호한 물리적 세계를 표현하기 위해 동원되었다. 음악은 명명백백한 세계가 아니다. 경계에서 창조되는 경계의 세계다. 붙들렸는가 싶으면 떠나고, 지속되는가 싶으면 흘러가고, 소멸된 줄 알았던 것들이 간직돼 있다는 것을 우리는 음악을 들으며 느낀다. 서로 모순된 단어를 두 개씩 세 쌍을 나란히 배열해야만 설명될 수 있는 세계. 음악은 바로 그런 세계이고, 음악이 표현하고자 하는 세계가 바로 그 세계다. 우리는 살면서 종종 느끼곤 한다. 붙들렸는가 싶으면 떠나버리고, 지속되는가 싶으면 흘러가버리고, 소멸됐는가 싶으면 간직되어 있는 신비한 어떤 것을. 그 느낌이 만져질 듯 만져질 듯 우리 주변을 감싼다. 그때에 우리는 기쁘면서 애달프고, 허무하면서 뿌듯하다. 이 이상한 느낌을 가장 정확하게 제시하는 것이 음악의 세계다. 과녁의 정중앙에 화살이 날아가 꽂힌 듯한 정확함 때문에, 음악을 듣는 우리 마음은 된통 애잔해지는 것이다.

주법은 진동의 미세한 입자를 시간 속에 끼워 넣으며 악기의 경계와 세계의 경계를 건드릴 뿐인데 이 건드림, 이 건드림이 직조해내는 무늬, 진동의 미세한 입자들이 뿜어내는 숨과 그 숨의 웅숭그림이 천변만화해내는 세계,

허수경 시집 『혼자 가는 먼 집』 뒤표지에서

악기는 악기의 몸과 악기 바깥의 세계 그 경계를 연주자가 건드려줄 때에 연주된다. 주법은 음이라는 미세한 입자를 흔들어 시간 속에 퍼뜨려놓는다. 입자는 흔들리며 파도처럼 공간으로 퍼져나간다. 그때 비로소 음악이 들린다. 경계에 도사린 무수한 숨결을 우리는 음악을 통해서 지각할 수가 있다. 음악이 경계의 숨결을 무늬로 그려내지 못했다면, 우리는 감지 가능한 많은 세계를 다 놓치고 살았을지도 모른다.

발터 벤야민은 A도 아니고 B도 아닌 이 경계를 문지방 영역이라고 표현했다. 아이가 크리스마스 양말 속에 손을 넣는 순간부터 양말 속 선물을 만지게 되는 순간까지. 먹장구름이 우리 머리맡에 잔뜩 운집해 있는 순간에서부터 빗방울이 후드득 떨어져 내리는 순간까지. 당신이 나에게 오기로 한 그날로부터 당신이 나에게 도착하게 되는 순간까지. 이 사이들. 이 짧은 시간 안에는 설렘과 긴장과 예감과 떨림이 농축돼 있다. 짧은 순간이지만 더없이 길고 긴 체험의 시간이다. 한 세계와 또 한 세계의 문지방 위에서, 기대에 대한 희망과 절망의 교차점을 통과하면서, 우리는 가장 농밀하게 흔들리는 시간을 산다. 그럼으로써 우리는 화

상상력

학적으로 성숙한다. 성숙에 대해 한 시인이 이렇게 말해놓았다.

모든 경계에는 꽃이 핀다

함민복, 「꽃」에서

### 살피다

마음을 먹는다는 말은 어쩐지 마음을 간식 정도로 생각하는 말 같다.
마음은 그렇게 마음대로 되지 않는다. 마음은 살피는 게 맞다. 마음을 따르고 싶다면
마음을 살피면 된다. 마음을 다스리고 싶다면 보살피면 되듯이.

새 기 다
　너 에 게　이 름 을　보 낸 다

# 翎

여기에 있으면서도 거기에 있을, 연

옆에 선 여자아이에게 몰래, 아는 이름을 붙인다

유희경, 「珉」에서

고등학교 때 멋쟁이 미술 선생님이 계셨다. 머플러를 두르고 체크무늬 플레어스커트를 즐겨 입던 그분은, 우리에게 미술 시간마다 그림 아닌 다른 작업을 경험하게 하는 데에 골몰했다. 어느 날엔, 학생들에게 호를 짓게 하고 도장을 파도록 했다. 나는 좋아하던 친구와 서로 호를 지어주기로 약속했다. 그때 내가 선물받은 이름은 창익蒼翼이었다. 친구가 전해준 쪽지엔 내 이름 두 글자와 함께 근사한 해석이 쓰여 있었다. 푸른 하늘을 맘대로 날아다니기를. 지금도 새 책이 생기면, 열일곱에 새겼던 어설픈 그 도장을 찍어둔다.

대학 시절엔 친구들에게 이름 지어주는 놀이를 즐겼다. 글 쓰

<small>새기다</small>

는 친구가 새로이 한 명 생기면, 생일에 이름을 지어 도장을 파서 선물했다. 친구에게 어울리는 한자를 찾아내려고 옥편을 뒤지며 밤을 새우곤 했다. 인사동 어느 골목 도장 파는 집에서 할아버지에게 전각을 배웠다. 낙관석에 조각칼을 대고 살살 긁어내면 어느새 글자가 드러났다. 그때 지었던 이름들은 어째 하나도 기억이 나질 않지만, 멋을 내기 위해서 꼭 한 글자엔 풀 초艸가, 다른 한 글자엔 실 사絲가 부수로 들어간 글자를 골랐다. 전서체로 도장에 새겨 넣으면 모양이 났고 고와 보였다.

  문자는 그 자체가 기호이자 그림이다. 그게 문자가 지닌 일차적인 매력이다. 그런데 한자는 기호보다 그림 쪽에 약간 더 치우쳐 있다. 그 점 때문에 나는 서예도 좋아하고 전각도 좋아한다. 잘하진 못하지만, 혼자서 입춘대길을 써서 해마다 현관문에 붙여놓을 정도는 된다. 벼루를 꺼내 먹을 오래 갈아 준비해놓고 화선지를 펴 문진을 올려놓은 다음, 호흡을 가다듬고 붓을 드는 느린 동작들이 좋다. 찬찬히 찬찬히 좋은 구절을 고전 속에서 찾아내어 천천히 천천히 한 획 한 획을 긋는 일은 나를 사람답게 만든다. 찬찬함과 천천함 덕분에 내가 사람다워지는 느낌이 난다.

도장을 파기 위해 옥편을 뒤지는 일도, 새겨 넣을 글자의 좌우를 뒤집어 도장에 입혀보는 일도, 그런 다음 사각사각 돌을 갊아내어 글자를 새기는 일도 나를 사람이게끔 한다. 그 단순한 작업을, 그리도 천천히 해야 하기에, 나는 저절로 멍청해지고 저절로 홀가분해진다. 그런 시간은 너무도 더디고 너무도 촘촘하기 때문에 일상의 잡념이 끼어들 여지가 없다. 그냥 나는 내가 되어 있다.

목월의 시집 뒤에 있던 인지에는 나무 목木이 나무 모양처럼 그려져 있고 그 옆에 달 월月 대신에 초승달이 그려져 있다. 그걸 인상 깊게 보아둔 한 선배가, 자신이 시집을 내면 꼭 이 초승달을 도장에 새겨달라고 부탁한 적이 있다. 선배는 아파트 생활자의 비애를 시로 썼기에, 나는 도장에 창문 몇 개를 담은 사각 건물 하나를 그려 넣고 그 옆에 초승달을 넣어서 도장을 선물했다. 도장에 글자만 새겨 넣는 게 아니라 이렇게 간단히 요약한 그림을 새겨 넣으면, 그 나름대로 새로운 한자가 되었다. 책에 인지를 붙이던 시절의 얘기다. 이제는 이런 놀이도 쓸모가 적어졌다. 도장의 쓸모가 사라지고 있기 때문이다.

새
기
다

    좋아하는 한 소설가에게 도장을 새겨 선물하기로 약속을 해두었다. 선물을 늘 하고 싶었는데 정성이 담긴 유일무이한 물건이 떠오르질 않아 막막하던 차에, 그가 도장이 갖고 싶다고 말해주었기 때문이다. 그에겐 딱 한 글자를 선물하겠다고 혼자 미리 정해두었다. 내가 태어나 처음으로 만들어본 한자, '여기에 있으면서도 거기에 있을 연緆'. 하늘을 나는 연鳶을 뜻하는 글자다. 이 연鳶이란 글자를 나는 마음에 들어하지 않았다. 반드시 '실 사絲'가 그 글자에 들어가야 한다고 생각했는데 그게 아니어서, 처음 한자를 좋아할 즈음에 꽤 실망을 했다. 그래서 내 맘대로 글자를 만들었다. 유일무이한 이름을 선물하는데 내가 발명한 유일한 글자를 선택한다고 생각하니 미리부터 기쁘다. '연'은 하늘을 날되 가느다란 한 줄 실을 통해 이 지상에 이어져 있다는 사실이 참으로 갸륵한데, 그 갸륵함이 또 그 친구 소설의 매력이고 보면, 그 글자는 그의 것이란 생각이 드는 거다.

  인사동에 나가서 모양 예쁜 낙관석을 하나 사야겠다. 솜씨가 무뎌진 만큼 더 천천히 더 찬찬히 사각사각 도장을 파야겠다. 도장에 당연히 자기 이름 세 글자가 새겨져 있을 거라고 기대하는 이 친구는 내가 만든 한자를 어떻게 받아들일까. 허락도 없이 몰래 붙인 이름을 과연 좋아해줄까. 그 이름 속에 담긴 내 뜻이 전달되면 참 좋겠다. 그의 소설을 읽을 때마다 내가 느꼈던, 마주앉아 무릎이 닿곤 하는 느낌까지를 새겨 넣을 수 있으면 참 좋겠다. 여기에서 시작하지만 저기에도 이어져 있는, 그의 소설 속 인물들에 대한 내 애정이 전달되면 참 좋겠다.

다음 만날 술자리에 들고 가서 내밀어보아야지. 이 시구를 보여주면서.

버스가 기울 때마다 비스듬히 어깨에 닿곤 하는 기척을 이처럼 사랑해도 될는지
유희경, 「珉」에서

## 새 하 얀  사 람

 자전거를 타고 큰길에서 골목으로 진입할 때, 새하얀 할머니 두 분의 뒷모습이 눈에 들어왔다. 천천히, 무진장 천천히 두 분은 헐렁하게 손을 잡고 골목을 걷고 있었다. 좁은 골목에서 비껴갈 방법이 마땅찮아 자전거 벨을 울렸더니, 한 분이 슬쩍 뒤를 돌아보시다가 다른 한 분을 감싸 안고 길 한켠으로 비킨다. 내가 지나갈 때까지 두 분은 그렇게 서 있었다. 친구일까. 자매일까. 이웃일까. 집까지 가는 길에 계속 그 생각을 했다.

 샌프란시스코에서도 그런 새하얀 할머니 두 분을 보았다. 여든은 가깝지 싶은 주름살 가득한 할머니였다. 지하철 내 앞 좌석에 두 분이 나란히 앉았고, 나는 속눈썹과 파란 눈빛이 유독 예쁜 할머니를 계속 훔쳐보았다. 아주 작은 목소리로 두 분은 끊임없이 이야기를 나누었다. 화장도 곱게 하고 머플러도 곱게 하고 예쁜 재킷을 입고 예쁜 브로치도 달고 계셨다. 모두 1960년대 어디쯤에 놓인 패션이었다.

 지하철에서 내려 커피 한 잔을 마시기 위해 찾아간 찻집에서 이 두 분을 다시 만났다. 한 분은 커피를 사려고 줄을 섰고, 4인석을 혼자 차지한 나에게 다른 한 분이 다가와 함께 앉아도 되느냐고 물었다. 그렇게 하시라고 했다. 커피를 들고 할머니가 자리에 앉을 때에, 앉아 있던 할머니는 가방 속에서 도시락을 꺼냈다. 샌드위치와 샐러드가 들어 있었다. 두 분은 샌드위치 한 쪽씩을 나눠 먹으며 서로의 머플러를 더 괜찮은 모양새로 매만져주기도 했고, 커피든 샌드위치든 뭔가를 흘리면 냅킨으로 서로 닦아주기도 했다. 두 사람은 끊임없이 서로를 마주보았다. 가방엔 레인보우 배지가 붙어 있었다. 그러니까 두 사람은 연인이었다. 거기까지 알게 되자, 커피를 다 마시고 먼저 자리에서 일어난 나는 혼자서 많은 이야기를 상상했다.

두 분은 젊은 시절부터 그렇게 커플이었을까. 이혼을 하거나 남편을 여의고 외롭게 살다가 서로 의지하게 되었을까. 서로에 대한 감정은 어떤 내용을 담은 사랑일까. 자식은 있을까. 자식들에게는 커밍아웃을 하셨을까. 두 분은 지금 같은 집에 살고 있을까. 같은 집에 산다면 이웃은 두 분을 어떻게 생각할까. 두 분은 함께 잠을 자고 함께 식사 준비를 하고 함께 빨래를 갤까. 가끔씩은 서로 다투기도 할까. 한 분이 먼저 죽으면 그때는 어떻게 될까. 할머니, 할아버지 커플을 보았다면 이런 이야기들이 뭉게뭉게 떠오르진 않았을 텐데, 나는 어째서 두 분에 대한 생각을 하고 있을까.

집 앞에 도착했을 때에는 새하얀 할아버지의 뒷모습이 마당에 보였다. 아버지였다. 단번에 알아보진 못했다. 백발이 아직 내겐 낯설기 때문이다. 마흔 즈음부터 새치 때문에 이미 백발이 되었던 아버지는 내내 흑발로 염색을 하며 사셨다. 건강이 갑자기 나빠진 어느 계절부터 염색을 포기하셨다. 조금씩 염색 머리가 사라졌고 이제는 완전한 백발이시다. 백발이 워낙에 고와서 그것도 멋있다고 말씀드리지만, 아버지가 더 많이 늙어버린 느낌이 드는 건 사실이다. 느리게 느리게 나무에 물을 주고 계시는 모습을 먼발치에서 바라보면, 절반쯤은 이미 저승에 가 계신다는 느낌이 든다.

언젠간 엄마의 화장대에서 필요한 걸 찾다가 아버지의 일기장을 발견했다. 아버지의 하루하루가 오랫동안 일지로 기록돼 있었다. 내 얘기도 많았다. 걱정투성이였다. 걱정을 하면서도 딸을 이해해보려는 앞뒤의 문장들이 있었다. 딸을 아주 열심히 사는 사람으로 여겨주는 마음도 많이 담겨 있었다. 아버지의 하루하루는 적막하기 이루 말할 수 없었다. 청소기를 돌릴 만한 작은 힘만으로 할 수 있는 노동이 어디 또 없을까 매일매일 간절히 원하고 찾으셨다. 일기장을 읽던 자세 그대로 나는 한참이나 눈물을 쏟았다.

아버지가 염색을 포기하고 백발이 되신 다음부터, 아버지의 일기장을 훔쳐본 그 다음부터, 내게도 변화가 생겼다. 되도록 집에 많이 있는 것. 함께 점심도 먹고 저녁도 먹는 것. 귀갓길에는 구멍가게에 들러 아버지가 좋아하시는 과일을 사 들고서 아버지 방을 꼭 들여다보는 것. 주무시고 계실까 봐 늘 살곰살곰 움직였지만 움직이는 소리를 좀 내어보기 시작했다는 것. 아버지가 내 딸 왔어? 하시며 몸을 추슬러 앉으실 때까지 집 안을 돌아다니며 소리를 낸다는 것. 쓸데없이도 무슨 말이든 열심히 건넨다는 것. 그리고 내 신발, 내 옷보다 아버지 것을 더 좋은 걸로 산다. 그렇게 사드린 스포츠 샌들이며 트레킹화며 등산복이며를 하나하나 받으실 때면, 아버지는 죽을 때까지 이것만 입어야지(신어야지)! 하며 아이처럼 활짝 웃으신다.

새하얀 사람

    새하얀 아버지와 한참 동안 마당에 핀 꽃들을 구경했다. 아버지는 내가 마흔 줄의 딸이 아니라 유치원 다니는 딸로 보이는지, 꽃마다 전설이나 꽃말 같은 것을 얘기로 들려주신다. 물론 다 아는 얘기다. 그래도 고개를 크게 끄덕이며 듣는다. 아버지한테가 아니라 유치원 다니는 아들에게 하듯이, 우와 아버지 엄청 똑똑하시다! 하고 과장된 표정을 한다. 누군가 창문 너머로 우리 두 사람을 본다면, 그 사람은 어떤 이야기를 떠올릴까.

    사랑은 나를 버리고 그대에게로 간다
    사랑은 그대를 버리고 세월로 간다

    잊혀진 상처의 늙은 자리는 환하다
    환하고 아프다
    허수경, 「공터의 사랑」에서

생 일

  이삿짐센터 사람들을 보내고 나서, 엄마와 나는 그릇을 주방 바닥에 늘어놓았다. 싱크대에 수납하려던 참이었다. 이 그릇은 너 낳고 처음 아빠랑 서울 나들이 가서 산 거라 나한텐 정말 소중한 거다…… 이 찻잔은 네가 어버이날 선물로 사준 거라…… 이 냄비는 비록 색깔은 이렇게 됐어도 내가 시집올 때 가져온 거라……. 그릇 하나하나마다 이야기가 피어올랐다. 마룻바닥을 빼곡히 메운 채 동그랗게 포개진 그릇들 사이에 나도 동그란 그릇처럼 쪼그려 앉아 그 얘기를 들었다. 엄마의 움푹 팬 물건을 바라보려니 허기가 졌다. 어째서 엄마가 애지중지해온 물건들은 이토록 움푹 패어 있어 무언가 채워 넣게 생긴 걸까. 채워 넣고 채워 넣는 것으로 평생을 보냈을 엄마의 하루하루가 난데없이 몰려와서, 그릇만 물끄러미 쳐다보았을 뿐인데도 허기가 포만감처럼 밀려왔다. 엄마를 무어라고 부르면 좋을까. 엄마라는 이름에 담긴 슬픔들이 국그릇 엎어지듯 쏟아졌다.

  가엾은 여자. 아픈 여자. 두려운 여자. 눈물겨운 여자. 엄마라는 말은, 그 미음 발음은 세상에서 가장 편안한 발음이다. 젖 한 모금 같은 모음 하나를 입속에 담고 있다가 도라지꽃이 피듯 입술만 벌리면 내뱉을 수 있다. 사람이 세상에서 처음 배우는 말. 가장 쉬운 말. 그러나 물컹한. 거대한. 너무 따뜻해서 도리어 슬프고, 너무 무거워서 도저히 쉽지 않은 말.

처음 시를 쓰려는 이들은 대개 엄마 얘기에서 발화를 시작한다. 모성을 문장으로 집약해보려는 시도는 그러나 번번이 실패하고 만다. 감정 통제가 힘들고 거리 조절이 어렵기 때문이다. 학생들과 함께 시를 공부하다 알게 된 사실이다. 엄마에 대해 시를 써놓고서도 시로 다 못한 고백이 딸에겐 너무 많다. 누구는 그 고백을 보충설명하고, 누구는 말하지 않기 위해 애를 쓴다. 말하려고 애를 쓰든 말하지 않기 위해 애를 쓰든, 자신이 써놓은 시를 놓고 울먹이지 않는 학생은 보기 드물다. 눈 밑에 흐르는 눈물을 훔쳐내고 뺨과 눈이 빨개진 채로 그들이 꼭 하고 싶었던 말은 어쨌거나 똑같다. 엄마를 닮고 싶지 않다는 것. 엄마를 연민한다고, 연민하지만 엄마처럼은 살 수 없고 살고 싶지도 않다는 것.

엄마를 이렇게 표현한 구절이 있다. 아버지의 절망이 되면서부터 무너지던[1] 사람. 여자는 이미 태어날 때부터 제 엄마의 슬픔이 된다. 말로 설명될 수 없는 이상한 슬픔을 모든 딸들은 태어날 때부터 부모에게 선물한다. 금 간 그릇처럼 슬픔 한 줄이 새겨져 있다. 그러고 장차, 한 남자의 슬픔이 된다. 그 이상한 슬픔으로 인해 한 남자의 절망에 가까워져간다. 그런 후, 자라나는 딸의 슬픔이 서서히 되어간다.

엄마를 무어라고 부르면 좋을까. 제 육체의 일부를 입에 물려 갓 태어난 목숨의 허기를 달래주는 사람. 『오즈의 마법사』에 나오던, 생각보다 감정이 앞서던 허수아비와 마음을 갖고 싶어하던 양철 나무꾼과 자신감이 없어 용기조차 없는 줄 알고 살아간 사자를 합쳐놓은 것 같은 사람. 그릇이면 그릇, 솥이면 솥, 움푹 파여 있어 무언가를 채워 넣어야만 하는 물건만을 관장하는 사람. 이 사람도 누군가의 젖을 물고 오직 응애응애 울며 채워달라고 채워달라고 보채던 아기 시절이 있었을 것이다.

지금 나의 엄마는 말을 잃은 벙어리처럼 묵묵하게 밥만 하고

---

[1] 허순위의 시 「신부의 편지」에서.

생
일

빨래만 너는, 보리수 아래 붓다처럼 골똘하게 텔레비전 연속극을 쳐다보다 잠이 드는 할머니가 되었다. 불행인지 다행인지, 이런 엄마를 이해할 수 있게 된 나이 든 딸은, 엄마가 젖먹이 딸인 것만 같다. 오늘 밤, 엄마를 자식으로 낳고 싶다. 자, 오늘은 당신의 생일이에요. 내가 말한다면, 갓난아기가 된 엄마는 기쁠까. 아니면 더 슬플까.

> 나 걸어갈 때
> 발밑에 쌓이던 가시들
> 아무래도 내가 시계가 되었나 봐요
> 내 몸에서 뾰족한 초침들이
> 솟아나나 봐요
> 그 초침들이
> 안타깝다
> 안타깝다
> 나를 찌르나 봐요
> 밤이 오면 자욱하게 비 내리는 초침 속을 헤치고

백 살 이백 살 걸어가보기도 해요

저 먼 곳에
너무 멀어 환한 그곳에
당신과 내가 살고 있다고
아주 행복하다고

김혜순, 「생일」에서

# 서슴거림의 기록
### 침묵 단상


친구가 말실수를 해서 화를 낸 적이 있다. 화는 잠깐 냈고 금세 친구의 미안하단 말을 들었고 그리고 화해하고 지나갔다. 그게 다였다. 그러고서 밀린 원고가 많아 한 달 가까이 칩거를 했다. 책을 읽다 혼자서 산책을 했고 글을 쓰며 지냈다. 친구는 종종 잘 지내냐는 문자를 보냈다. 다른 때 같았으면 응 하고 한 글자만 답하면 되었을 것을 응^^ 하고 이모티콘을 덧붙였다. 서로 좋아하고 신뢰한다는 걸 잘 아는 사이였지만, 칩거로 인한 내 침묵을 친구가 오해할까 싶어서였다. 안도를 느끼게 해주려고, 일부러 이모티콘을 그려 넣어 보냈다.

누군가와 대화를 나누며, 상대에 대한 내 신뢰감을 표현하려 할 때에 나는 침묵을 사용했다. 나의 침묵은 그야말로 열렬한 경청의 한 방식이었다. 진중한 약속과 다름없었다. 그러니까, 나는 침묵을 좋은 데에다 써왔다. 마주한 누군가에게 좋은 이야기를 들을 때, 응응 하며 추임새를 넣기조차 싫어서 나는 침묵했다. 침묵으로써, 그 뜻을 받아들인다는 공감을 표했다. 침묵인 채로 오랜 세월이 흐를 때 나는 종종 누군가가 잘 지내고 있을 거라고 믿는 쪽이었다. 언제고 우리의 침묵을 깨고 아주 좋은 소식이 날아들 거라 생각하며 말없이 기다리곤 했다.

마르크 드 스메트가 쓴 『침묵 예찬』의 첫 페이지에는 수피교의 계율이 적혀 있다. 그대가 입 밖에 내는 말이 침묵보다 더 아름다운 것이 아니거든 말을 하지 말라. 앙리 미쇼가 파울 클레의 첫 그림 전시회를 보고 그 엄청난 침묵에 허리가 휘어져 돌아왔다는 일화도 쓰여 있다. 마르셀 프루스트는 보르헤스에게 경의를 표하며 이렇게 말했다고 한다. 독서를 하다 보면 우정이 돌연 그것이 처음 지녔던 순수함으로 되돌아간다. 이 순수한 우정의 분위기는 말보다 더 순정한 침묵이다.

요즘은 타인의 침묵에 대해서 생각한다. 내가 도저히 무심해지지는 않는 어떤 사람(들), 그(들)의 침묵으로 인해 내가 상심하고 있음을 알겠다. 타인의 오랜 묵묵부답은 마치 나에 대한 무시이거나 화가 아닐까. 그것을 가장 예의 바르게 최소화하려고 침묵을 사용하는 건 아닐까 걱정이 되는 것이다. 그 상심이 내 안에서 섭섭함으로, 서글픔으로, 서러움으로 번져간다는 걸 알겠다. 그러다 후회가 밀려왔다. 내 침묵을 이렇게 받아들였고 받아들이고 있는 누군가가 있지 않을까 하고. 내 침묵이 나와는 무관하게 타인에게 가닿아 폭력에 가까운 것이 되었을지도 모를 일이었다. 내 침묵으로 인해 전전긍긍했을 사람들, 내 침묵이 무관심이거나 수수방관에 다름없다고 내 뒤에서 나를 질타해온 사람들이 많았을지도 몰랐다.

이제는 오래 생각하지 않고 단순하게 생각하고 행동하자며 나를 자꾸 다독인다. 아무 말도 하지 않고 아무 행동도 하지 않은 채로, 침묵을 사랑했기 때문이라 말하는 건 비겁한 변명과 크게 다르지 않았다. 비겁하게 살지 않기 위하여 때론 침묵을 깨고 발언을 해야만 한다. 입을 떼는 그 순간 약속이 발생한다. 약속을 깨지 않기 위해서 침묵을 깨야 한다는 걸 나는 너무 늦게 알아버렸다.

침묵은 나를 신중하게 만들어주지만 발언은 나를 책임 있게 만들어준다. 이런 시구가 있다. 말로부터 영원히 자유로울 수 없지만 / 말을 할 때만큼은 자유로울 수 있다 / 말을 하여 / 우선 감옥을 만들라.[1] 말을 하여 말의 감옥 속에 기꺼이 들어갈 때, 우

---

1 송찬호, 「공중정원 3」에서.

리는 말을 했다는 용기와 말을 지켜나간다는 신뢰와 말로부터 발생하는 소통을 비로소 얻게 된다. 말은 그 시작은 감옥이지만 종내엔 자유로움이 되는 것이다.

  침묵은 무엇을 지키는 데에 쓰이기도 하지만 무엇을 행사하는 데에도 쓰인다. 침묵은 경청과 묵살이라는 두 극단을 모두 포함한다. 침묵이라는 것은 내가 행할 때는 가장 신중한 방패지만, 타자가 행할 때는 가장 뾰족한 창일 수 있다. 나의 침묵은 방패처럼 나를 보호해주지만, 너의 침묵은 뾰족한 창처럼 나를 찌를 수 있다. 나는 말보다는 침묵에 가까운 사람이지만 우선 말해볼 것이다. 나를 위해서가 아니라 너를 위해서. 그러므로 실은 우리를 위해서. 매사에, 번번이, 계속해서.

> 뭐든 물어봐도 좋아. 최대한 열심히 설명해줄게.
> 내 두 눈으로 무얼 보고 있는지,
> 어째서 내 심장이 고동치는지,
> 왜 내 육신은 대지에 뿌리박혀 있지 않은지.
> 비스와바 쉼보르스카, 「식물들의 침묵」에서

선    물이 되는 사람

선    물이 되는 시간

세    번째 상하이

세    월의 선의들

소    리가 보인다

소    심 + 서투름

소    풍

손    가락으로 가리키다

## 선물이 되는 사람

 현관문이 열리고 아이가 들어온다. 신발을 벗는 동시에 아이는 나를 부르기 시작한다. 나는 빨래를 개다 말고 현관문으로 걸어간다. 아이는 마루에 들어선 채로 두 팔을 벌리고 서 있다. 나도 두 팔을 벌리고 아이를 품에 안는다.

 나무 같았지요? 두 팔을 벌린 채 서 있었다는 뜻이다. 얼마간은 기다렸지만 오래는 아니었고, 자기가 기다리는 역할을 할 수 있어서 기쁘다는 표현이다. 이렇게 안을 줄 아니까 나무보다 훨씬 멋지다고, 평소 목소리보다 서너 음계는 높인 목소리로 나는 아이를 응대한다. 아이는 이모의 맞장구를 마음에 들어한다.

 뭐 하고 있었어요? 나 기다리는 거 말고요. 실은 아이를 기다리지 않았고 다만 내 시간을 보내고 있을 뿐이었다 할지라도, 아이가 그렇게 말해주고 규정해줌으로써 나는 아이를 기다린 사람이 된다. 아이에게 자기를 기다린 예쁜 사람으로 자격을 부여받는다. 개다 만 빨래를 보여주자, 같이 할까요? 하며 철퍼덕 앉는다. 작은 손으로 야무지게 양말의 짝을 맞추기 시작한다. 함께 빨래를 개며 아이는 공룡의 위계질서를, 어린이집에서 오늘 겪은 일을, 여기까지 오는 동안, 통학버스에서 내려 걸어서 2분 거리 동안에 보고 들은 것들을 쉴 새 없이 말한다. 죽은 개미를 보았고, 가로수의 껍질에 어떤 무늬가 있었고, 민들레가 마당에 피었고, 구름이 어쨌고. 이 놀라운 연구자의 보고를 경청하자니, 우리 집 주변은 놀라운 정보로 가득 찬 세계다. 이 놀라운 발견자의 눈을 빌려 집 앞 골목을 집 안에서 상상하자니, 나는 아름다운 사건 사고가 끊이지 않는 동네에 살고 있다.

노트북에 이상이 생겨 서비스센터에 찾아갔을 때다. 오전 시간이어선지 대기실엔 주부들이 많았다. 그들의 절반이 리모컨이나 핸드폰을 고치러 왔는데, 내부의 기계판이 녹슬거나 젖어서 고장이 난 경우였다. 아기가 자꾸 입에 넣고 빨아대서 침이 묻어 그렇게 되었다고 한다. 직원의 말에 따르면, 거의 모든 집에서 리모컨은 그런 식으로 고장이 난다고 한다. 같은 시기의 거의 모든 아기들이 신기한 물건을 손수 입에 넣고 물어보고 빨아봄으로써 연구에 몰두한다고 생각하니, 아이들의 능력이라는 게 신기하고 순일하다는 생각이 들었다.

삶에 발을 들여놓자마자 아이는 사냥꾼이 된다. 아이는 자기가

선
물
이
되
는
사
람

> 사물들 속에서 그 흔적을 감지하는 정령들을 쫓는다. 정령들과 사물들 사이에 여러 해가 흘러가고, 그동안 아이의 시야에는 사람들이 들어오지 않는다. 아이는 꿈속에서처럼 산다. 아이에게는 어떤 것도 그대로 머물러 있지 않는다. 아이는 모든 것이 자기에게 일어나고, 자기와 마주치며, 자기에게 닥쳐온다고 생각한다.
>
> 발터 벤야민, 『일방통행로 / 사유이미지』에서

아이와 사물 사이의 높은 유대감은 집 안을 난장판으로 만들기도 한다. 치울 줄 모르는 아이의 그 이면에는 사물과 오래 이야기를 나눈 교감의 여정이 고스란히 펼쳐져 있다. 어지럽히는 것이지만 실은 펼쳐놓는 것이다. 위대한 몰입과 창조의 능력이라 할 수 있다. 아이들은 골목을 걸으며 자기에게 말을 거는 사물을 너무 많이 만나서 호주머니가 불룩해지도록 주워 들고 집에 들어온다. 버려진 사물들이 건네는 말을 들어주는 교감 능력, 새로운 사물로 다시 태어나게 하는 창조자의 능력. 아이에겐 그런 능력이 있다.

마당에 핀 양귀비꽃을 아이에게 보여주었다. 아이는 금세 꽃에게 바짝 다가간다. 그러다 깜짝 놀란다. 어, 이거 왜 움직여요? 바람이 불어서 꽃이 춤을 추는 중이라고, 어른들의 상투적인 표현으로 내가 설명을 하자, 아이는 환하게 웃으며 큰 목소리로 말한다. 바람이 좋아서 이래요? 바람이 분다는 것과 꽃이 춤춘다 사이에 좋아서란 말이 매개가 되니 바람과 꽃에게 생기가 생기는 듯하다. 아이는 바람과 꽃을 사이좋게 매개하고선 양귀비처럼 흔들흔들 춤을 추고 있다. 내가 쳐다보며 웃자 나도 좋아서 이래요라 한다. 바람 한 점과 꽃 하나의 리듬을 타고 그 순간을 마냥 즐기고만 있다.

함께 길을 걸었다. 내가 좋아요? 뜬금없이 내게 묻는다. 어떻게 알았느냐며 빙그레 웃는 내게 아이는 비밀을 알려주듯 설명한다. 나를 자꾸 쳐다보잖아요. 자꾸 쳐다보면 좋아하는 거예요. 아이와 놀아주기 위한 시간이 아이와 데이트를 하는 시간으로 변해가고 있었다. 나도 이모를 좋아해요. 이렇게 게처럼 걷고 있잖아요. 게걸음으로 나를 보며 걷는 아이를 따라 나도 게걸음을 한다. 우리는 마주본 채 게처럼 옆으로 걸어서 산책을 한다. 우리는 서로 좋아하는 사이라 기쁘다 말하는 내게 아이는 대답한다. 그럼, 우리 친구할까요?

아이는 놀이터로 달려가 나에게 소방차가 되라고 한다. 이 잔디밭을 다 불이라고 생각하고 어서 꺼보라고. 불은 빨강이야, 내가 어깃장을 놓자 아이는 앗 뜨거, 앗 뜨거, 폴짝폴짝 뛰면서 외친다. 이래도 이게 초록으로 보이냐고 나를 보며 자꾸 웃는다. 나는 빙그레 웃으며 아이와 함께 소방차 놀이를 실컷 한다. 어딘가 어색하고 우스꽝스러운 내 행동에 아이는 면밀한 코치 역할을 계속 해준다.

우리의 하루가 가고, 아이를 데리러 엄마가 찾아온다. 엄마의 손을 잡고 자기 집으로 돌아가는 아이에겐 이별의 절차 또한 거창하다. 우선 나는 아이가 신발을 신을 때까지 옆에 서 있어야 하고, 계단을 내려갈 때 손을 잡아주어야 하고, 마당에서 손을 흔들며 돌아설 때는 한 번 안고 한 번 뽀뽀하고, 그리고 이내 돌아서야 한다. 계단 앞에서 한 번 뒤를 돌아보아야 하고, 계단을 다 올라가서 한 번 내려다보고 손을 흔들어야 하고, 얼른 방에 들어가 창문을 열고 내려다보며 큰 소리로 잘 가!라고 외치며 이름을 불러주어야 한다. 내가 거기까지 절차를 다 치를 동안에 아이는 한자리에 서서 계속 손을 흔든다.

  언제나 표현의 발명에 굶주리며 전전긍긍하는 시인 이모는 표현의 발명에 관한 한 인생의 절정에 있는 여섯 살 아이와 호흡을 맞추며 수요일을 보낸다. 내게 이 아이는, 사랑은 어떻게 확인하고 표현하는지를 알려주러 온, 세상에서 가장 어린 남자다. 사람은 애초에 위대한 발명 능력과 위대한 공감 능력과 위대한 표현 능력을 지닌 존재라는 것을, 나는 이 아이로 인해 짐작이 아닌 확신으로 받아들인다. 표현의 무능에 대한 고뇌를 아이와의 하루 동안 잠시 잊는다.

> 너는 사막에 불시착한 눈사람 같아
> 연필 여덟 자루로 시를 쓰는 나는
> 네 시가 사막에 내리는 눈처럼 불가해 부끄럽지
> 곧 너는 여덟 번째 너와 헤어져 아홉 번째 너를 만나게 될 거야
> 나는 그때도 가난하지
> 이 별에 불시착한 너의 우주선을 수리해줄 수 없지
> 시인이란, 그렇게 시시하지

선물이 되는 사람

그렇지만 여행 온 아이야

나는 네가 태어나 처음 쓴 시를

설위표(雪位標)처럼 내 시 속에 놓아둔다

여행 온 아이가 여행 온 아이에게 시간을 묻듯이

안현미, 「여행 온 아이가 여행 온 아이에게」에서

# 선물이 되는 시간

 예전처럼 주말마다 영화를 보러 가지 않아요. 예전처럼 꽃 이파리를 한참 동안 바라보지도 않아요. 예전처럼 어린 날에 모아둔 앨범들을 쌓아두고 밤새 음악을 주구장창 듣지도 않아요. 예전처럼 밤을 새워 책 읽기에 빠져들지도 않아요. 예전처럼 늦은 밤의 현란한 네온사인을 올려다보며 친구들과 걷지도 않아요. 그렇지만 나는 잘 지내고 있어요. 무얼 하고 지내냐고 묻는다면 아무것도 하지 않는다고밖에는 말할 수 없지만, 나는 참 잘 지내고 있어요. 언제부턴가 나는 또 다른 나와 대화를 하게 되었습니다. 내가 나 자신과 대화를 나눈다니 이상한가요. 조금 이상해 보이기도 하겠지만, 어쨌든 나는 나와 대화를 하고 있고, 내 고백을 내가 들어주고 있고, 그리고 나에게 내가 조언을 해주고 있습니다. 이 자문자답의 시간을 아침마다 개최합니다. 나를 가장 잘 아는 내가, 나를 가장 잘 위해줄 내가, 나에게 해주는 말들을 귀중하게 귀 기울입니다.

 우선, 저만치에 밀쳐둔 고백들을 소환해옵니다. 대개의 고백들은 의문문으로 되어 있습니다. 그래도 될까요? 그렇게 하지 않아도 괜찮을까요? 실은 이걸 하고 싶은데 어떻게 생각하나요? 나의 의문문을 또 다른 내가 부가의문문으로 바꿉니다. 부가의문문을 듣는 순간들에 나는 내 의문문이 원래의 무게보다 가벼워지는 것을 느껴요. 조금씩 안심이 된달까요. 그때 나는 내게 부가의문문을 명령문으로 바꾸어 말합니다. 어떤 명령문에는 거부감이, 어떤 명령문에는 시원함이 느껴지고 그때 나는 고민의 부피가 최소화되는 것을 느낀답니다. 그리고 한참 후에, 청유형으로 바꾸어놓습니다. 청유형의 말을 내게서 듣는 그 순간이 좋아요. 그때 나는 생각은 멈추고 내가 해야 할 일들만을 남겨놓거든요. 이런 식으로 대화를 나누는 사이, 나와 나 사이엔 간격이 넓어졌다 다시 좁아지고 그리고 우리의 가운데에 팝콘처럼 고소하고 뽀얀 언어들이 튀겨져 나오는 걸 보게 됩니다.

이 자문자답의 아침 시간이 참 좋아요. 억지로 일어나 억지로 졸음을 물리치는 아침이 아니라, 숙면을 취하고 저절로 잠이 깬 푸른 새벽이 우선 내 앞에 있거든요. 푸른 창밖으로 고개를 내밀지요. 오른쪽 창문에선 해가 떠오르고, 왼쪽 창문에선 달이 떠 있기 때문에, 나는 해와 달을 보려고 다섯 걸음 정도를 걸어서 방을 횡단합니다. 이 1교시를, 나는 '해와 달을 보는 데에 다섯 걸음의 시간'이라 부릅니다. 푸른 창문이 하얀 창문으로 바뀔 때까지, 나는 다섯 걸음을 걸어 해를 보러 가고, 또 다섯 걸음을 걸어 달을 보러 갑니다. 하늘가에는 구름이 깔려 있지만, 내 시선은 언제나 구름의 시접을 비집고 나온 빛에 가닿아 있습니다. 그러니까 나는 영화를 안 보아도, 음악을 안 들어도, 책을 안 읽어도, 진짜 빛을 읽어내는 시간을 누리는 거예요. 그리고 자전거를 타고 바깥에 나가지요. 입 없는 신체 기관처럼 광장과 길목을 구경해요. 새소리가 들리는 쪽으로 고개를 돌리고, 어떤 나무가 새를 부르고 있는지 두리번거립니다. 쌩쌩 달리며, 간밤에 내린 이슬이 사라지기 전에 갓길의 풀들에게 안부 인사를 건네지요. 축축하게 젖은 공원의 흙냄새에게도 안부 인사를 건네지요. 세상 모든 사물은 맑게 씻은 얼굴을 하고 있어요. 나는 자전거 안장의 높이로 거리를 바라보지요. 쌩쌩 달리면서요. 내가 만드는 바람을 나 혼자 느끼면서요. 이 2교시를 나는 '바람을 만드는 시간'이라고 불러줍니다.

자전거를 타고 하릴없이 골목을 달리는 속도감 있는 산책길은 한계가 없답니다. 직진으로 달리지 않으니까요. 구불구불 새 골목길을 발견하고 새 골목길에 새로 생긴 가게를 발견하고 골목길이 안내하는 또 다른 골목길을 발견하니까요. 3교시가 시작될 즈음에 나는 집으로 돌아갑니다. 진열장에 빵을 내놓느라 부산한 빵집에 들릅니다. 빵집 앞에는 내 나무가 있습니다. 내 나무는, 10년 전에도 내 나무였고 지금도 내 나무입니다. 10년 전에는 내 키보다 그저 조금 큰, 내가 본 메타세쿼이아 중에 가장 작은 나무였습니다. 지금은 여느 메타세쿼이아처럼 우람해져 있습니다. 나는 나무 냄새를 맡습니다. 이 시간, 내 나무는 관절을 펴고 가장 늠름한 체합니다. 나무 아래 풀도 탱탱합니다. 돌멩이도 통통합니다. 가게 간판은 모서리가 반짝거립니다. 금화를 나누어 갖듯 햇빛을 마음껏 나눠 갖는 이 시간, 모두가 부자가 된 듯 떵떵거리는 모습입니다. 새벽의 박하 냄새가 이 집 저 집에서 아침밥을 하는 냄새로 바뀌는 시간, 자전거 안장 높이의 허공은 내가 차지합니다. 나는 쌩쌩 달립니다. 그리고 집에 돌아가 3교시를 맞습니다. 자문자답의 긴긴 시간을 갖기 위해, 갓 구운 흰 빵과 갓 내린 까만 커피를 경전처럼 앞에 둡니다.

햇볕에 따뜻해진 돌을 손이 움켜잡듯,

하루의 처음 몇 시간 동안 의식은 세계를 움켜잡을 수 있다.

토마스 트란스트뢰메르, 「서곡」에서

## 세 번 째 　 상 하 이

　상하이로 여행을 간다. 좀 과하다 싶은 큰 트렁크를 준비해 옷가지를 챙긴다. 마지막으로 이어폰을 챙기며 혼잣말을 한다. 이번엔 음악을 들으며 거리를 활보할 테야! 누구를 골탕 먹일 때와 같은 웃음이 입꼬리에 찾아온다. 매번 당하기만 하다가 더 이상은 참을 수 없어 뒤통수 칠 준비를 하는, 일본 소설에나 나올 법한 소심한 남학생 같다. 중국만 가면 늘 소음 때문에 불쾌해진다. 제발 좀 조용히 해줘! 고함을 지르고 싶을 만큼, 정말로 엄청나게 시끄럽다. 사람들이 많이 모이는 역 대합실이나 3등석 열차 칸에서는 도저히 견딜 수가 없다. 출퇴근 시간, 자전거의 행렬이 교통 체증을 만들 무렵, 적신호가 켜질 때마다 낡은 자전거의 브레이크 잡는 소리가 제일 무섭다. 지독하게 신경질적인 고음이 일제히 찢길 듯 울려 퍼진다. 이 소리를 맨 귀로 다 들어내다가는 가고 싶은 곳에 도착하기도 전에 지쳐버릴 것만 같다.

　세 번째로 가는 상하이이지만, 나는 한 번도 상하이를 목적지로 삼아본 적이 없다. 상하이를 거점으로 해서 강남의 수향水鄕을 돌아다니는 게 늘 목적이었다. 어디까지나 계획은 그랬다. 계획을 정확하게 짜두는 여행을 꺼려하는 나는, 그 덕분에 상하이에 오래

머물곤 했다. 처음 상하이에 갔을 때가 1995년 9월이 끝나갈 무렵이었을 거다. 중국 사람들은 대장정의 추석 연휴에 들떠 있었다. 중국은 우리보다 더 긴 기간 동안 추석 명절을 즐긴다는 걸, 그들이 그 기간에 여행을 하거나 고향을 찾는 건 우리하고는 차마 비교가 될 수 없는 민족 대이동이라는 걸 그때 처음 실감했다.

행렬은 끝이 없었다. 쑤저우 행 티켓을 예약하려다, 인적이 드문 새벽에 다시 오자며, 기차역에서 전광판만 바라보다 와글거리는 인파만 바라보다 돌아서버렸다. 목적 없이 상하이의 거리를, 주로 황푸 강 주변을 걷고 걸었다. 서로 어깨를 부딪쳐야만 걸어 다닐 수 있을 정도로 인산인해였다. 걸었다기보다는 뚫고 지나갔다는 표현이 더 맞을 정도였다. 숙소에 들어가 텔레비전만 바라보았다. 해가 뜨기 전에 기차역에 다시 가보았다. 쑤저우 혹은 항저우, 두 곳 중 아무 데라도 갈 수 있기를 바랐으나 표는 없었다. 또 그렇게 상하이를 헤매 다녔다. 그리고 그 다음 날 새벽에 다시 기차역에 가보았다. 결국은 누군가 취소한 표 한 장을 겨우 확보할 수 있었다.

상하이에서 거의 모든 시간을 인민광장과 루쉰공원에서 보냈다. 그곳이 그나마 사람이 가장 적었다. 그나마 조용했다. 루쉰공원에서는 벤치에 앉아서 몇 시간씩 책을 읽었다. 루쉰의 『아Q정전』을 읽었다. 혁명만 일어나면 모든 것이 자기 것이 될 수 있다는 맹신을 품은 주인공의 처참한 말로를 루쉰공원에서 다시 목격했다. 책갈피에서 오래된 종이 한 장을 발견했다. 열아홉 살에 써놓은 글이었다. 박경리의 『Q씨에게』를 흉내 낸, 나에게 쓴 편지 한 장이었다. 스물아홉의 내가, 열아홉에 썼던 그 편지를 읽고는, 애꿎은 루쉰에게 그 편지를 바쳐야겠다 생각했다. 뾰족한 돌 하나를 들고서 공원 벤치 왼쪽 앞다리 아래를 최대한 깊게 판 후에, 그 편지를 비닐봉지에 넣어 그곳에 묻고 돌아섰다.

쑤저우로 떠나는 날, 나는 늦잠을 자버렸고 헐레벌떡 기차역으로 뛰어갔고, 방금 떠나버린 쑤저우 행 기차의 꽁무니만을 바라보았다. 어렵게 구한 티켓 한 장이 무용해지던 그 순간, 내년 봄에 다시 오라는 뜻이려니, 금세 나를 위로해주고는 인파의 땀냄새로 퀴퀴한 역을 빠져나와 며칠 내내 상하이만을 쏘다니며 실컷 놀다가 집으로 돌아왔다.

강산도 변한다는 10년 만에 또다시 상하이를 찾았다. 상하이는 상하이가 아니었다. 소음과 공해는 몇 배가 되었고, 상하이를 비롯해 쑤저우나 항저우 같은 도시들도 옆구리에 신도시를 키워가는 거대 도시로 바뀌어 있었다. 가난한 서민들의 땟국 전 뒷골목은 여전히 남아 있었지만, 아무것도 두려울 게 없을 듯한 기세로 도시는 첨단을 향해 날렵하게 달려가고 있었다. 높고 뾰족한 봉우리에 더 깊게 파인 골짜기처럼, 빌딩 숲과 뒷골목은 우울한 대치를 극단적으로 빚어냈다. 그런 상하이를 뒤로하고, 미련 없이 강남 수향들을 돌아다녔다. 쑤저우와 항저우, 그리고 퉁리와 우젠, 사이사이 작은 도시들을 종횡무진 누비고 다녔다. 상하이의 위위안豫園에서 시작하여 수향의 모든 정원들을 탐색했다. 대숲과 대숲에 부는 바람 소리를 좋아하던 나는 그 소리가 지겨워질 만큼 쏘다녔다. 10년 묵은 아쉬움은 깨끗하게 사라지고 있었다.

아무 데나 쓰레기를 버리고 아무 데나 침을 뱉는 이 자유롭던 도시에도 이제는 도시 미관을 조성하기 위한 규율이 많아졌다. 금연 구역도 많아졌고, 도로 교통도 체계적이었고 곳곳에 공중도덕을 강조하는 경고문이 붙어 있었다. 규율이란 건 그렇게나 재빨리 만들어놓을 수 있겠지만, 사람들의 습관이란 건 그렇게 재빨리 바뀌지 않는다. 사람들은 여전히 아무 데나 침을 뱉고 교통법규를 무시하고 택시들은 곡예운전을 했다. 연좌軟座 열차 안에서 나는, 중국의 새로운 규율과 중국인의 오래된 습관의 사이를 심각하게 실감해야 했다. 열차는 깨끗했다. 열차 바닥에 사람들이 함부로 침을 뱉지도 않았고 쓰레기를 버리려 하지도 않았다. 시끄럽지도 않았다. 기차 안에서의 규율을 사람들은 잘 지켜내고 있었다. 두 사람씩 마주 앉는 그 좌석 가운데엔 작은 테이블이 있었고 탁상용 휴지통과 재떨이도 준비되어 있었다. 내 좌석 근처에 있던 입석 승객들은 내 테이블 위에 놓인 재떨이에 침을 뱉었고 내 테이블에다 조용히 쓰레기를 올려두었다. 재떨이에는 많은 사람들의 침이 모이고 모여 넘칠 듯 점액질 액체가 찰랑댔다. 먹다 남은 각종 도시락 냄새와 그 냄새에 이끌린 파리가 테이블을 차지해가고 있었다. 내가 할 수 있는 일은 책을 펴서 얼굴을 가리고, 테이블에 되도록 시선을 두지 않은 채, 책 속으로 몰두하는 일이었다.

출국하기 위해 다시 상하이를 찾았을 때, 맛있는 딤섬 식당에서 점심을 먹고 산해진미가 예술 작품처럼 상 위에 펼쳐지는 술집에서 저녁을 먹었다. 이런 음식점들이 10년 전하고는 전혀 다르게 상하이 곳곳에 너무 많이 생겼다는 사실, 아기자기한 물건을 구경할 수 있는 예쁜 가게들도 10년 전하고는 비교도 안 될 정도로 많아졌다는 사실을 뒤늦게 알게 됐다. 출국을 하루 앞둔 사람이 알게 된 이런 정보는 반가움보다는 괴로움에 가까웠다. 또 나와의 약속을 했다. 내년 봄쯤에 다시 오자. 좋은 벗을 데리고 오자. 이 딤섬 식당엔 세 번 이상은 오자. 그래야 이 많은 메뉴들을 골고루 맛볼 수가 있을 테니까. 이 술집에도 다시 오자. 다시 와서 열두 폭 병풍처럼 술안주를 펼쳐놓고 오래오래 노닥거리자.

이번 상하이 여행을 자꾸만 스웨덴 여행이라고 부르는 친구는 두어 해 전 스웨덴 여행에서 많은 것을 잃었다고 말했다. 특히 여행 가방을. 여행 가방 안에 든 모든 물건과 그 물건에 얽힌 사연을 송두리째 잃었다고. 잃어버린 것을 찾으려고 애를 쓰다 포기한 채 집에 돌아와 죽을 듯이 아팠다고 했다. 가방을 잃어버린 것이 얼마나 힘든 일인지에 대해 나는 짐작만 할 뿐이었다. 상하이 여행에 대해 친구와 의논을 하면서 나는, 스웨덴이 아니라 상

세 번째 상하이

하이, 라고 수정을 하려다 번번이 관두었다. 친구는 살아오면서 잃은 것에 대해 분명하게 말할 수 있는 사람이고, 나는 잃은 것에 대해 말할 게 없는 사람이다. 친구는 잃었다는 상실감이 충격이 될 만큼 무엇을 가진 적이 있던 사람이고, 나는 아무것도 제대로 손에 쥔 적이 없어서 잃을 것도 없지만 온통 잃어버린 것투성이인 것 같은 사람이다. 어쨌거나 지쳐 있다는 것에서는 공통점이 있는, 아무것도 손에 쥔 게 없는 초라한 두 사람이 함께 스웨덴의 상하이로 간다. 가서 나는 이 시구를 읽어줄 것이다.

지친 것들에게도 도리가 있다. 벼락 맞아 꺾인 도리, 뼈만 남은 도리. 풍경을 뼈로 완성한 도리. 같은 노래를 반복해 부르지 않는 도리.

허연, 「산맥, 시호테알렌」에서

소유

조금 더 아름답기 위해서 우리는 조금씩 위선을 소유해야 하고, 조금 더 강해지기 위해서 우리는 조금씩 위악을 소유해야 한다.

## 세월의 선의들

 날이 어둑해지자 뿔뿔이 앉았던 사람들이 자연스레 벽난로 앞에 모여 앉는다. 한 사람은 우비를 입고 마당에 나가 모란꽃을 툭툭 치고, 한 사람은 술안주를 내오고, 한 사람은 휴대폰을 받느라 들락거리고, 한 사람은 팔짱을 끼고 유리문에 기대어 장대비가 오는 바깥을 바라본다. 모두의 귓속에는 빗소리가 스민다.

 예순에서 스물 몇까지, 서로 다른 나이를 살고 있는 우리 대여섯 사람은 계절마다 한 번쯤은 만난다. 서로 말은 궁하지만 마음은 족하다는 이 모임. 크게 불편한 사람도 없고 크게 재미 보는 사람도 없는, 헐렁하지만 어딘가 다정한 모임. 아침부터 만났지만, 점심과 저녁 두 끼를 함께 먹었지만, 날이 어둑해지고서야 대화가 대화를 신속하게 잇기 시작한다. 여전히 앉은 자리 간격은 꽤 넓은 편이지만, 모종의 한솥밥 냄새가 그때부터 풀풀거리기 시작한다. 오늘의 첫 주제는 몽골.

 몽골 여행을 넓고 길게 잡아둔 나의 처지를 미리 염려하느라 많은 이야기가 오고 간다. 울란바토르의 나랑톨이란 재래시장에는 가지 말 것, 소매치기가 극성. 푸르공이라는 러시아 지프차는 고장이 잦고 운전수는 무뚝뚝하기 마련, 미리 마음 비울 것. 고

비 사막에 갈 때는 먹을 것을 단단히 챙기고, 사철 옷을 다 준비하고, 씻을 물까지 싸 갈 것. 수박만 한 별들이 게르 천창으로 쏟아져 들어올 테니 밤에 책 따위는 읽지 말 것. 시간이 멈춘 한가운데에 서서 원래의 지구별이 어떤 풍경인지 꼼꼼히 둘러볼 것. 문명은 인류의 악의일 뿐이며 인류의 진짜 선의가 어떤 건지를, 문명이 비껴간 땅에서 직접 느껴보고 올 것.

이미 다녀온 사람들의 여행담이 오가자, 영화 〈우르가〉[1]에 대한 얘기도 빠지지 않는다. 우르가는 말을 타고 달리며 다른 말을 잡을 때 쓰는, 장대처럼 긴, 일종의 올가미다. 그런데 그것을 몽골 사람들은 사랑을 할 때에도 요긴하게 쓴다. 게르는 원룸 시스템이고 집 밖은 몸 가릴 커다란 나무라든가 둔덕 같은 것도 없는 넓디넓은 평원이기에, 그들은 사랑을 나누느라 몸을 숨길 장소가 마땅치 않다. 그럴 때 그들은 기다란 우르가를 땅에 꽂아둔다고 한다. 멀리서 높다랗게 세워져 있는 우르가를 본 사람들은 누군가 사랑을 나누겠거니 하며 가까이 가지 않는다는 것이다.

---

[1] 몽골을 배경으로 한 러시아 영화. 니키타 미할코프 연출.

몽골 이야기를 하다가 시베리아 횡단 열차 이야기를 하고, 술병 라벨에 붙은 바코드 분석에 중지를 모아보는 등, 쓸데없는 것에 엉뚱한 의견을 보태는 것이 우리 모임이 주로 하는 일이다. 그리고 언제나 1950년대 이야기가 빠지지 않는다. 이 모임의 좌장은 1950년대에 유년기를 보낸 분이므로, 그때 그 시절의 이야기는 이 모임에서 다루는 마지막 주제다. 어찌나 생생하고 신랄한지, 어딘지 모르게 남의 나라 얘긴가 싶었다가도 어딘지 모르게 내가 겪은 일처럼 다가온다. 그리고 전후의 모든 폐허가 급속히 회복된 자리에서 태어난 내 세대에 대한 이상한 정체성이 머릿속을 어지럽히곤 한다.

내 세대는 부모에게서 늘 한국전쟁 이야기를 듣고 자랐다. 요즘 젊은이들은 전쟁 체험 없는 부모 밑에서 자랐다. 전쟁 체험을 입에 달고 사는 세대와 전쟁 얘기를 직접적으로 들어본 적 없는 세대 사이에 존재하는 내 세대. 그런 까닭에 이상하고도 외롭게, 어딘가에서 어딘가로 지나가는, 세월의 길목에서 서성이는 내 세대. 1950년대는 과거라는 이름의 외국[2]과도 같다. 너무 많은 것이 달라져버린 그때와 지금을 이어줄 단어는 외국이라는 말밖에 없다. 우린 부모세대와 자식세대가 서로 외국인과 다름없는 나라에서 산다. 씁쓸해진 내 표정을 가로지르며, 예전에 우리가 함께했던 진해와 경주의 벚꽃 놀이로 누군가 화제를 돌린다. 저마다 벚꽃에 대해 시적인 말 한마디씩 내어놓지만, 꽃 이야기는 언제고 최연장자 선생께서 하실 때가 최고로 화사하다. 내년 봄에 다 같이 벚꽃 구경하러 가자는 약속을 걸어두고서 우리는 헤어진다.

싱겁고 느슨한 모임 속에서 느리게 반응하고 성기게 대화하며 하루를 보내고 집에 돌아오면, 나는 꽤 먼 곳으로 꽤 가파른 곳으로 떠밀려 온 것만 같다. 대화의 간격 속에 묻어 나온 세월의 간격이 까마득해서 소용돌이 속으로 빨려 들어가는 현기증이 일기도 한다. 그럴 때마다 두리번거린다. 무언가 한참이나 잘못된 듯싶어 절망스럽기도 하고 절망이 아무렇지 않기도 하다. 이상한 것이 손 안에 쥐어져 있는 느낌이 들기도 한다. 바통 비슷한 것이. 슬프지만 슬픔이 전부는 아닌 괴이한 물질. 이것은 세월의

---

2  유종호의 산문집 제목.

선의일까. 나는 고개를 갸우뚱거려본다.


아, 어쩌면

누군가가 여기에다 부려놓은

고통을 내가 느끼고 있는지도 모른다

우리는 많이 닮았을지도 모른다

조은, 「소용돌이」에서

# 소 리 가   보 인 다


 내재율, 이런 말은 도대체 무슨 뜻이에요. 율이 어떻게 안쪽에 존재해요. 율은 형식이잖아요. 형식이 어떻게 안쪽에 존재해요. 궁색한 용어 같아요. 우리나라에 시인이 이토록 많은 건 시 쓰기가 너무 쉬워서인 거 같아요. 율을 모르는 사람이, 언어에 대한 감식안이 없는 사람이 시인인 건 시에겐 너무 불행한 일이에요. 시는 노래잖아요. 둘러보세요, 지금 노래하는 시인이 누가 있어요. 전부 이미지, 이미지. 그게 아니면 인생 이런 거야 가르치는 시. 시가 노래라는 사실을 모두가 잊어버렸나 봐.

 얼마 전 어떤 분이 나에게 해준 이야기였다. 불뚝불뚝 하고 싶은 말이 올라왔지만, 입을 꾹 다물고 그저 듣기만 했다. 노래니 운율이니 하는 말들이 귓가의 모기처럼 윙윙댔다. 이 이야기를 들은 다음부터는 시집을 펼쳐 읽을 때면 노래가 될 만한 작품들을 찾아내려고 애를 쓰곤 했다. 물론, 내가 시를 쓸 때도 마찬가지였다. 평소 말을 할 때에도 문어체로 말하며, 무수한 번역 책들을 읽어대어 번역 투 문장이 글만 썼다 하면 묻어 나오며, 음악은 좋아하나 문외한이며, 노래를 못해서 언제나 음치 혹은 박치 소리를 듣고 살아왔지만, 나에게도 말맛을 혀끝으로 느끼는 감식안이 없는 건 아니다. 말이 그려낸 이미지를 등에 업고도 말이 지닌 뜻을 어깨에 얹고도, 말은 그 자체로 음악에 가깝다는 걸 나도 안다. 온전히 그 맛을 육체로 받아들여 음미하고 식별할 수 있다는 점 때문에, 나는 특히 나의 모국어가 좋다. 내 머리가 아니라 내 몸이 그 맛을 완벽하게 이해하고 있다는 점이 때론 짜릿하기까지 하다.

언젠가 아주 먼 나라에서 1년에 가까운 시간을 지낸 적이 있었다. 더듬더듬 영어를 사용했고 바디랭귀지를 쓰면서 지내다 보니, 꿈속에서조차 영어로 사람들과 대화했다. 혼자서 길을 걷다가, 혼자서 밥을 먹다가 혼잣말을 했다. 오직 모국어를 입 바깥으로 내뱉기 위해서. 어느 날은 옥상에 올라가 낯익어진 낯선 도시의 스카이라인을 바라보면서 나도 모르게 노래를 불렀다. 내가 아는 동요들을 죄다 불러댔다. 나도 모르게 눈물이 났다. 집을 그리워하는 것은 아닐까 덜컥 두려웠지만, 가만 생각해보니, 내 혀끝에서 흘러나오는 나의 모국어가 너무나 아름답게 느껴진 나머지, 감탄에 겨워서 흘린 눈물이었다. 동요는 아이들이나 부르는 노래가 아니었다. 모국어의 처음, 모국어의 첫맛, 모국어의 씨앗이었다. 견과류처럼 고소했다.

    동요와는 또 다르게, 모국어의 처음처럼 모국어의 첫맛처럼 모국어의 씨앗처럼 혀에 붙는 시가 내게는 하나 있다.

    피로와 파도와 피로와 파도와
    물결과 물결과 물결과 물결과

    바다를 향해 열리는 창문이 있다라고 쓴다
    백지를 낭비하는 사람의 연약한 감정이 밀려온다

    피로와 파도와 피로와 파도와
    물결과 물결과 물결과 물결과

    한적한 한담의 한담 없는 밀물 속에
    오늘의 밀물과 밀물과 밀물이
    어제의 밀물과 밀물과 밀물로 번져갈 때

소리가 보인다

물고기들은 목적 없이 잠들어 있다
물결을 신은 여행자가 되고 싶었다

스치듯 지나간 것들이 있다라고 쓴다
눈물과 허기와 졸음과 거울과 종이와 경탄과
그리움과 정적과 울음과 온기와 구름과 침묵 가까이

소리내 말하지 못한 문장을 공책에 백 번 적는다
씌어진 문장이 쓰려던 문장인지는 분명하지 않다

피로와 파도와 피로와 파도와
물결과 물결과 물결과 물결과

이제니, 「피로와 파도와」

 이 시는 무덤덤하게 읽었다 할지라도 저절로 노래처럼 부르게 된다. 이제니의 시가 대개 그렇지만, 이 시는 별 뜻이 없다. (별 뜻 없이 건네는 말은 안부 인사처럼 다정해질 수 있다. 놀이터에서 모래 장난을 하는 아이의 뒷모습처럼 사랑스러워질 수 있다.) 피로와 파도와 피로와 파도와, 이 첫 행은 음운의 모양새도 즐겁지만 발음을 할 때 입술의 들쭉날쭉함도 즐겁다. ㅍ 옆에 ㅣ 모음과 ㅏ 모음이 번갈아 등장하는 긴장감, ㄹ의 구르는 느낌을 단정하게 막아주는 ㄷ. 그 낱말들을 잇는 와의 열린 느낌.

이런 시구가 태어난 건 시인이 시를 쓰려고 하지 않았기 때문일 거다. 시를 쓰려고 했다면, '피로가 파도처럼 밀려온다' 같은 재미없는 문장이 와버리기 십상이다. 실감을 보태기 위해 비유를 곁들여 '~처럼'을 쓰지 않아도, 의미를 전달하기 위해 서술어를 쓰지 않아도, 피로와 파도와 피로와 파도와는 해안에 출렁이는 파도와 같은 피로감을 우리에게 전달하고 남는다. 의미를 사용하지 않아서 오히려 직진해서 우리에게 와 닿는다. 그 다음 행의 물결과 물결과 물결과 물결과는 앞 행이 다 감당하지 못한 어떤 것을 감당하고 있다. ㅁ과 ㄹ의 밝음 사이에 ㅜ를 넣어 균형을 갖추고, ㄱ(실은 ㄲ)으로 균형을 흔들어 ㅕ와 ㄹ로 다시 부드럽게 감싼 후에 과를 붙여 묵직해진다. 피로를 피로로 내버려두려는 마음, 피로하다고 넋두리를 하고 있는 게 아니라 피로가 어떤 그리움이기도 하고 어떤 생명이기도 하고 그래서 힘겹지만 아름다운 어떤 것 같은 느낌을 이 두 번째 행이 감당하고 있다.

시인은 지금 시를 쓰고 있다. 잘 써지진 않는다. 쓰여진 문장이 쓰려던 문장인지 잘 모르겠다. 밤을 새워 쓰고 있다. 시인이 되기 전에 되고 싶었던 어떤 것이 곁을 스쳐가고, 답답하지만 바다를 향해 열리는 창문과도 같은 시를 쓰고 싶어 백지를 낭비한다. 이 시가 쓰인 배경이 이토록 고달픈데, 의미와 무게와 깊이와 한숨과 고통과 허망을 시인은 허밍으로 노래한다. 노래를, 부른다. 밭을 매는 농부들이, 빨래를 하는 아낙들이 소위 떼창을 하면서 힘듦을 잊는 노동요와 어딘가 비슷하다. 멋대로 이름을 붙이자면, 이런 시를 시요詩謠라 불러보면 어떨까.

이제니는 이 시를 노래로 만들었다. 기타를 안고 노래로 불렀다. 그 노래는 노래가 된 시가 아니라, 노래인 시였다. 그 노래는 한 번 들으면 따라 부를 수 있는 노래였다. 노래에 가까이 다가간 시라기보다는 원래 시가 노래였음을 기억해낸 시였다. 쓴 시가 아니라 부르는 시였다. 부르는 시를 지금 적어 내려가다 보니, 또 하나를 알게 됐다. 부르는 시는 보이는 시이기도 하다는 것. 이 시를 읽다 보면, 시가 리듬을 잃어버렸다는 것에 대해선 결국 이런 생각이 밀려온다. 새로워진다는 것과 되찾는다는 것은 아무래도 같은 얘기 같다는.

소심 + 서투름
무뚝뚝함에 대하여


친구들과 함께 내 고향 경주로 여행을 갔다. 토함산을 내려오는데 비가 내렸다. 구불구불한 내리막길을 조심조심 운전했는데, 보닛에서 연기가 나기 시작했다. 가장 가까운 카센터에 들러 차를 좀 봐달라고 부탁했다. 정비복을 입은 아저씨가 차 둘레를 한 바퀴 돌았다. 타이어를 발끝으로 툭툭 건드리기도 했다. 보닛을 열어보더니 쾅, 하고 닫았다. 어딘가 카리스마가 넘치는 듯하지만, 도무지 우리의 방문이 귀찮다는 듯한 퉁명스러운 태도였다. 아쉬운 건 우리였으므로 우리는 숨죽인 채 아저씨의 거친 행동을 지켜보았다. 소매로 코를 훔치던 아저씨가 한마디 했다. 브레이크 쫌 작작 밟으소! 그러곤 사무실 안으로 성큼성큼 들어가버렸다. 우리는 잠시 서로 얼굴을 바라보았다. 친구들은 애써 웃음을 참으며 킥킥댔다. 한 친구가 먼저 웃음을 터트리며 말했다. 여기 니 고향 맞구나! 너랑 말투가 완전 비슷해!

친구들은 여행 내내 나를 놀려댔다. 그간의 내 모든 무뚝뚝함을 용서해주겠다는 둥, 그때도 그래서 그렇게 말했냐는 둥, 지난 기억을 꺼내며 나를 놀려댔다. 놀림을 받으면서도, 무뚝뚝한 내가 비로소 이해받고 있다는 생각이 들어 나는 벙글벙글 웃기만 했다. 여행 준비물에서부터 여행 일정까지를 세심하게 준비해온 다감한 친구들에게, 뭣 하나 챙겨준 것 없어 내내 계면쩍던 여행이었기에 마음속 미안함도 훨훨 날아가버렸다.

함께 일하던 선생님 몇 분과 여행을 갔을 때의 일이다. 그렇게나 좋은 많은 길을 같이 산책했지만, 내가 좋아하던 선생님 옆에 다가가 서본 적은 한 번도 없었다. 뒷짐 지고 걷는 선생님의 뒤를 따라 걸으며 좋아하는 게 전부였다. 밥집에서 수저를 챙겨드리려던 내 손길도 재빠른 누군가에게 밀려 어색해지곤 했다.

탑승을 기다리며 공항 면세점을 기웃거릴 때였다. 존경하는 마음을 언제 또 표할 수 있으랴 싶어 과자 한 세트를 사서 선생님께 내밀었다. 엄청난 용기를 내어 최대한 자연스럽게 말을 꺼냈다. 사모님과 함께 드셔보세요. 이거 무척 맛있대요. 선생님은 손사래를 치시며 내게 그걸 도로 안겼다. 빙그레 웃으며 뒷짐을 지셨다. 받은 셈 칠게. 부모님 갖다드려. 누가 선물을 준다 해서 덥석 그것을 받는 분이 아닌 줄은 알았지만, 무안해져 나는 얼굴이 빨개졌다. 다른 사람 같았으면 두세 번 더 내밀어 못 이기는 척 선물을 받아들게 하고야 말겠지만, 도무지 그런 능청을 발휘할 엄두가 나질 않았다. 결국 과자는 집에 돌아와 부모님에게 드렸다.

다음 날 아침에 선생님께서 전화를 걸어주셨다. 어제 선물을 사양해서 미안하다는 말씀을 꺼내셨다. 나의 성격을 꿰뚫어보셨던 사모님께서는 그 사람이 얼마나 주고 싶었으면 그랬겠느냐고, 그 사람이 얼마나 민망했겠냐고 타박을 했다고 전하셨다. 선물을 드리는 일에는 실패했지만, 선물을 받아주신 것보다 이런 설명을 하려고 전화를 주신 게 고마워서, 안도를 하고 혼자 가슴을 펴고 잠시 웃었다.

한번은 설렁탕집에서 술자리를 이어갈 때였다. 사모님이 내게 질문하셨다. 이 양반이 너희랑 술자리에 같이 있으면 너희 안 불편하니. 불편한데 참는 건 혹시 아니니. 네가 대답해봐. 너는 거짓말을 안 할 것 같아서 너한테 묻고 싶어. 나는 기분 좋게 대답했다. 불편은커녕 너무도 즐거운 일이라고. 진심이고 사실이었다. 무뚝뚝하고 뚱한 내 성격에 대한 콤플렉스가, 잠시였지만 자랑스러움에 가까워져 있었다.

타인에겐 무심과 배포의 소산인 듯 보이겠지만, 실은 무뚝뚝함은 소심과 서투름의 결합이다. 인간관계에서 오해와 손해를 부풀릴 수 있는 결함 중의 결함이다. 조금씩 조금씩 나아지고는 있지만, 세심한 배려와 살가운 표현에 능숙한 성격이 나는 언제나 부럽다. 좋은 마음을 전하려 어어, 하는 사이에 기회는 물 건너가고, 좋아하는 누군가를 만나러 나갔다가 아무 표현도 못하고 터덜터덜 집에 돌아오기가 일쑤다. 하고 싶은 유일한 말을 그래서 시에다 적고는 한다.

> 하고 싶은 유일한 말은
> 닿을 수 없는 곳에서 반짝인다.
> 전당포 안의
> 은그릇처럼.
> 토마스 트란스트뢰메르, 「사월과 침묵」에서

실패

실패가 더 아름다울 수 있다는 걸 목격하기 위해서 우리는 시를 읽는다.

소 풍
우 리 가  우 리 에 게  가 는  길



 부산 남포동 비프광장에는 4,000명 정도의 사람들이 함께 있었다. 희망버스[1] 기획단은 이 다섯 번째 방문을 가을 소풍이라 했다. 사람들은 배낭을 꾸렸고, 배낭 속에 간식거리를 담아 왔고 담요와 침낭 같은 것을 챙겨 왔다. 행색을 보아도 소풍이었다. 단풍은 아직 시작되기 전이고, 피서 철은 이미 지나버린 시월의 첫째 주 토요일. 사람들은 노래를 불렀고, 춤을 췄고, 먹을 것을 나눴다. 우리의 소풍지는 이곳 남포동 비프광장이 아니라 영도 다리 너머 '크레인 85호'였다. 그 크레인 위에는 우리를 기다리는 김진숙이 있었다.

 이것은 그저 소풍처럼 소소한 일상일 뿐이었다. 서로 다른 출발지에서 서로 다른 이유들로 모여든, 수천 명의 소풍 행렬. 장소를 찾아가는 소풍이 아니라 사람을 찾아가는 소풍. 우리가 찾아가는 그 사람, 김진숙은 누구일까. 우리는 그 사람을 우리라고 생각한다. 그래서 그녀를 만나러 간다. 우리가 우리에게 가는 길

---

[1] 2010년 10월 20일 시작된 한진 중공업 파업사태 당시, 크레인에 올라가 고공시위를 벌이던 김진숙을 응원하기 위해 운행되었던 버스.

이다. 내쫓기어 공중에서 위험을 무릅쓰고 사는 사람, 그에게서 우리는 우리를 본다.

김진숙을 만나려면 영도 다리를 건너야 했다. 그러나 건너지 못했다. 경찰의 막강한 저지로, 남포동 비프광장에 머물 수밖에 없었던 희망버스 소풍 모임은 거기서 밤을 새웠다. 노숙을 했다. 준비해온 침낭과 담요를 길바닥에 착착 깔고 누워 잠이 들었다. 잠들지 못한 사람도 있었다. 그들을 위해서 세 명의 시인[2]이 조용히 천막을 쳤다. 광목천에 크레용으로 '문학천막'이라고 쓴 간판을 내걸었다. 안에는 촛불 두 개, 집에서 싸 들고 온 책 몇십 권, 그리고 공책 몇 권과 볼펜 몇 자루. 누군가 군중을 벗어나 조용히 있고 싶다면, 누군가 이 소풍길에서 느낀 소회를 어딘가 풀어놓고 싶다면 여기에 있어보라는 뜻에서였다. 작고 허름한 둥지 속에 쪼그리고 앉아 생각할 시간을 주고 싶었다.

문학은 그런 거다. 소풍길의 대오에서 불현듯 내가 왜 여기에 있지? 저 혼자 질문하고 대답하기 위해 잠시 대오를 이탈하는

---

[2] 심보선, 신해욱, 그리고 나.

일. 혼자만의 방에서 정연해지지 못하는 생각들을 기록해보는 일. 잠들지 못한 몇몇 사람들이 문학천막 속에 들어가서 오래 앉아 있다가 나왔다. 바깥에서 셋은 이야기를 나누며 함께 새벽을 보냈다. 사람마다 여기에 온 이유가 다 다르겠지?라든가, 모두가 다 내몰린 자들이겠지, 김진숙처럼. 그럼 네 이유는 뭐야? 우리는 대화를 천천히 이어갔다.

내 이유는 시간마다 변했다. 맨 처음 이유는 약속 때문이었다. 3차 희망버스가 부산으로 집결하던 밤에, 트위터로 중계되던 시시각각의 위험한 상황을 내 방 컴퓨터 앞에서 겪었다. 너무 애가 타서 현장에 있는 친구와 통화도 했다. 혼자 앉아 상황을 전해 듣는 게 현장에 있는 것만큼이나 어렵고 불편했다. 그 마음을 트위터에 적었다. 현장에 있던 어떤 분이 나의 한마디에 힘이 난다며 실시간 답글을 보내주었다. 그리고 희망버스를 꼭 타보라고 했다. 나는 그러겠다고 답했다. 그게 첫 번째 이유였다. 5차 희망버스엔 꼭 함께하겠다고 말했더니, 심보선은 문학천막을 제안했다. 배낭 속에 간식 대신 책 열 권을, 공책과 볼펜을, 광목천과 크레파스를 챙겨 넣었다. 무슨 일이든 함께하면 신이 나는 친구 덕분에 두 번째 이유가 보태졌다.

 비프광장에서 집회를 마치고 영도 다리 진입을 다시 시도하기 위해 우리는 행진을 했다. 경찰이 강경하게 길을 막고 물대포를 쏘아댔다. 우리는 뒤로 돌아 다급히 뛰었다. 내가 도망치는 사이에, 맨 앞에 있던 많은 사람들이 연행되기 시작했다. 도망치며 친구를 챙기려고 주변을 둘러볼 때였다. 그 순간, 사람들의 표정을 보았다. 모두가 잔뜩 겁에 질린 얼굴. 조금 전까지만 해도 노래를 부르고 춤을 추고 구호를 외치며 흥겹던 얼굴들. 삽시간에 두려움에 떠는 얼굴로 변해 있었다. 나는 이 두려움의 얼굴이 우리의 본래 얼굴이라고 생각했다. 공포와 두려움, 이게 우리 삶의 진짜 얼굴임을 그때 나는 보고 말았다. 그때 우리는 공포와 두려움을 나눈 사이가 되고 말았다. 각자의 두려움을 서로 보여준 사이가 되었다. 그런 사이끼리는 맨 처음 이유가 다를지라도, 같은 희망을 공유하게 된다. 그 희망은 희망을 희망할 권리였다.

 다시 비프광장으로 돌아와 배낭을 내려놓고 한숨 돌렸을 때, 이름도 모르는 사람들의 잠든 모습에 친밀감이 생기기 시작했다. 어둡고 싸늘한 새벽녘. 나란히 잠든 사람들, 깨어서 두런두런 이야기를 나누며 동그랗게 모인 사람들, 광장이 그냥 그대로 집이 되는 시간이었다. 우리는 식구와 같았다. 그곳이 어디든, 두려움의 맨얼굴을 아무렇지 않게 나누었던 사이. 그게 내 개인의 두려움이 아니라 우리의 두려움이라는 것을 알아챈 사이.

  사람들이 문학천막에서 남긴 글을 읽어보았다. 매번 내 앞에 닥친 개인사적인 문제와 사회 일원으로서, 인간으로서 묵과할 수 없는 이 문제 사이를 저울질하다 버스를 타게 된다. / 광장에서는 백 미터 밖 펄럭이는 깃발 사이 보이는 뒤통수 모서리만 닮아도 전부 당신이었다. / 아주 당연한 물음을 다시 물어보기 위해. / 꿈꿔온 세상이 있었다, 작은 파편이라도 보고 싶다. / 존재하고 있는데, 자꾸 존재가 지워지고 있는 것 같아서. / 세상이 미친 것 같다. 가만히 있으면 너무도 부끄러워진다. 진짜, 다들 미친 거야? 아니지? 나도 같이 미쳐갈까 봐 무서워서 왔다. 사람들은 저마다 자신이 여기에 온 이유를 적어두었다. 셋은 문학천막 앞에서, 잠든 사람들 사이에 쪼그리고 앉아서, 술자리가 아닌 이런 광장의 새벽이라야 나눌 수 있는 대화를 나누고 있었다. 하늘 한쪽에 반짝, 떠 있는 별을 발견하고 저건 목성이야! 말해주는 사람도 있었고, 그럼 저쪽 저 빌딩 뒤에 숨어 있는 별은 뭐지? 묻는 사람도 있었다. 스마트폰 별자리 어플을 켜, 하늘에 비춰 함께 올려다보며 좋아했다. 달은 혼자 보고 좋아하는데, 별은 꼭 같이 봐야 좋더라. ……왜지? 묻는 사람도 있었다. 우리는 마치 별을 같이 보기 위해 모인 사람들 같았다.

지금 여기, 우리가 하필 같이 있을 때, 우리가 같이 있는 이유가 만들어진다. 이유는 변한다. 세밀해지고 증식된다. 절망과 두려움은 이겨내는 게 아니라 밥처럼 마주 앉아 나누는 것이다. 나누는 사이로 희망이 끼어들어 이유를 완성한다. 희망을 싣고 달리기 때문에 희망버스가 아니었다. 달리다 보면 희망이 실리기 때문에 희망버스였다. 김진숙을 못 보고 돌아왔지만 소풍은 좋았다. 하나의 이유가 너무 많은 이유를 만나고 돌아왔다. 빈 도시락을 들고 갔다가 꽉 찬 도시락을 챙겨 들고 돌아온 소풍이었다.

상실감에 집중하면서 실패를 가장 실감나게 느끼면서 비가 올 때마다 노래를 불렀습니다 집이란 지붕도 벽도 있어야 할 텐데요 오로지 서로의 안쪽만 들여다보며 처음 느끼는 감촉에 살이 떨립

니다 어쩌면

　지구란 얇은 판자 같은 것인지도 모르겠습니다 조심스럽게 내려가지 않으면 실족할 수밖에 없는 구멍 뚫린 곳

　우리는 타오르지 않기 위해 노래를 불렀습니다 무너진 골조물에 벽을 세우는 유일한 방법
　<u>이영주, 「공중에서 사는 사람」에서</u>

# 손가락으로 가리키다

    뼈에 연보라색 불이 들어오도록 음악을 종일 들었습니다.[1]

  당신의 육체는 지금 불이 켜져 있나요. 당신 육체 한구석이 환하게 빛을 내는 것을 당신은 알아채고 있나요. 육체 어디에 불이 들어와 있나요. 당신의 배인가요, 심장인가요, 이마인가요, 손가락인가요.(당신은 혹시 ET가 손가락에 불을 켜고서 한 말을 기억하나요. 혹시, 기형적으로 길쭉했던 그 손가락만을 기억하나요. 불이 켜졌던 이미지만을 기억하나요. ET는 소년과 작별하며, 손가락에 불을 켜 소년의 이마에 갖다 댑니다. 그러곤 말합니다. 바로 여기에 있을게 I'll be right here.)

  기이한 손가락에 불을 켠 기이한 시인이 당신 곁에 있다면, 당신은 이마를 기꺼이 맡기며 시인의 한마디를 경청할 수 있나요. 영화 속 소년처럼, 어린 시절 당신이 그 말을 들었다면, 그 말을 지금 당신은 기억하며 믿을 수 있나요. 당신도 소년 소녀였을 때에 누군가 해준 그 말을 믿던 사람이라는 걸, 지금 시인은 기이

---

[1] 김경주의 시 「프리지어를 안고 있는 프랑켄슈타인」에서.

한 제 손가락으로 당신에게 말하는 중이랍니다.

▼▼▼

새장은 깃털을 모아두고 '날개'로 자신의 '혀'를 놀리다가 가는 또 다른 새일 것입니다.[2]

오래전, 쿠알라룸푸르의 외곽에 자리 잡은 반딧불이 공원에 찾아간 적이 있다. 마을 전체가 가로등조차 없는 칠흑이었다. 공원 주차장에 차를 세우니, 안내원이 손전등을 들고 다가왔다. 그는 아무 말도 하지 않고, 자기를 따라오라는 손짓을 했다. 연신 손가락을 입술 위에 세운 채 우리에게 조용히 하라고, 아무 말도 하지 말라고, 걸음 소리도 내지 말라고, 돌멩이를 밟을 때 소리가 나지 않게 천천히 걸으라고, 뒤를 돌아보며 눈빛으로 주의를 주었다. 우리 일행은 그의 단정하고 조용한 몸짓에 기가 눌려 수행

[2] 김경주, 「프리지어를 안고 있는 프랑켄슈타인」에서.

자처럼 조용조용 뒤따랐다.

 한 시간을 넘게 걸었다. 반딧불이 공원에 가는 중인지, 어디 이상한 데로 가는 건 아닌지 걱정이 될 만큼 걸었을 때, 입장권을 파는 작은 나무집 한 채가 나왔다. 물론, 그 나무집에도 전등불 하나 켜 있지 않았다. 안내원이 손전등을 비춰 안내해주는 대로 우리는 입장권을 사고 줄을 서서 카누를 탔다. 지시에 따라 두 명이 한 배를 탔고, 발을 배 가운데에 모으고 일자로 누웠다. 뱃머리에 서서 누군가 노를 저었다. 강을 따라 10여 분을 흘러갔다. 반딧불이들이 나타났다. 수백 마리였을지 수천 마리였을지. 꽁무니를 환하게 밝힌 벌레가 펼치는 믿을 수 없는 군무를 보았다. 날개를 달고 날아다니는 온 계절의 별자리 같았다. 창세기부터 지금까지 별의 역사를 요약해서 보여주는 현란한 다큐멘터리 같았다.

 불빛 하나 없던 공원. 안내원과 뱃사공, 나무집 한 채. 한 시간 거리에 주차장을 둔, 방문객의 편리함을 전혀 배려할 생각이 없던 그 오만한 공원이 아니었다면, 엄청난 반딧불이들의 경이로운 군무를 누구도 목격할 수 없었을 것이다. 그 공원은 칠흑을 모아두고 침묵으로 자신의 소망을 피력하는 또 다른 반딧불이였다.

▼▼▼

허우적거린다는 것은 의식이 생활에 더 밀착해 있다는 것인가요? 아닙니다. 허우적거린다는 것은 사물을 더 이상 이런 방식으로는 표현하기 어렵다는 것입니다.[3]

당신은 똑바로 걷고 있지만, 당신의 그림자는 허우적거려요. 당신의 그림자가 똑바로 걷고 있을 때에는 당신만이 허우적거려요. 당신은 태어나서 허우적거리지 않은 적이 없어요. 당신이 부정할지라도 당신은 원래 그런 사람이에요. 우리 모두는 원래 그런 사람이에요. 세상이 잘못되었다고 손가락질하던 우리가 이 세상에서 반듯하게 걸으며 살 수 있다면, 그렇다면 우리는 사람이 아니라 괴물이에요. 우리의 허우적거림은, 우리가 사람으로서

---

3  김경주, 「프리지어를 안고 있는 프랑켄슈타인」에서.

아직은 가능성이 있다는 뜻일 테죠. 허우적거리는 것만으로 우리는, 아직은 가능성이 있다는 표현을 하고 있고요.

 허우적거림은 나의 자세를 헝클고 공기를 헝클지만, 나를 넘어지지 않게 하고 공기를 고여 있지 않게 합니다. 이렇게 허우적허우적하는 표현들을 가장 따뜻하게 받아주는 우리의 마지막 장소는 어쩌면 시의 장소일 거예요. 그러므로 시의 장소에서는 질서를 꿈꾸지 말아야죠. 허우적거려야죠. 혼돈을 혼돈으로, 불안을 불안으로, 공포를 공포로 말해야죠. 그렇게 해도 되는 마지막 장소니까요.

▼▼▼

이 꽃을 받아주시겠습니까. 당신의 미라로만 나는 사랑입니다.[4]

모두가 허우적대는 세상에서, 모두가 허우적대지 않는 것만 같

---

4  김경주, 「프리지어를 안고 있는 프랑켄슈타인」에서.

은 세상에서, 뼈에 불이 자꾸만 꺼져가는 세상에서, 뼈에 들어온 불을 더 이상 바라보지 않는 세상에서, 오직 한 사람만이 우리를 어디론가 끌고 갑니다. 그자는 무서운 어둠으로 우리를 초대합니다. 불편한 걸음을 걷게 합니다. 자신의 입술 위에 손가락을 세운 채로 조용히 하라고 기를 죽입니다. 오만합니다. 손님을 배려하지 않던 반딧불이 공원의 안내원처럼 말입니다.

한밤중에, 등불조차 켜지 않은 채로, 어디로 흘러가는지 모를 쪽배 위에 누워 별자리를 바라보며, 창세기부터 지금까지의 우주 만물의 역사에 대해 가만히 혼자 헤아리는 사람이 있다 합시다. 그의 뼈에 연보라색 불이 켜집니다. 밤하늘을 날던 반딧불이들은 그가 거대한 동족인 줄 착각합니다. 그는 손가락을 길게 뻗어 밤하늘의 별 하나에 갖다 댑니다. 별 하나가 그렇게 이 지구 위의 한 사람과 연결이 되었습니다. 우리 모두를 대신해서 그는 밤하늘의 별에게 말합니다. 바로 여기에 있을게. 그는 수천 년 전부터 그렇게 누워 지금까지 살아온 우리 시대의 미라, 시인입니다.

순 짓들

송 경동

수 집하다

순 교하는 장난

숭 배하다

쉬 운 얼굴

쉼 보르스카

스 무 살에게

S truggle

시 야

손짓들


 내 시에 눈물이라는 시어가 많아졌다. 그게 타자의 눈물이었다는 건 다행한 일이다. 타인이 내 앞에서 눈물을 흘리고, 나는 울음을 듣는다. 누군가 내 앞에서 눈물을 흘릴 때, 나는 나의 무용함을 직시한다. 그 눈물을 고스란히 뒤집어쓴 채 방면한다. 위로하지 못한다. 아니, 위로의 무능함에 나 또한 울고 싶어진다. 그리고 집에 돌아와 시를 쓴다. 이것도 다행한 일이다. 눈물을 기록하다 보니 눈물을 오해 없이 이해하게 되었다. 어떤 눈물은 목적이 따로 있었고, 어떤 눈물은 맹목이었다. 어떤 눈물은 가뭄에 쏟아진 소나기였고, 어떤 눈물은 골절되어 살갗 바깥으로 삐져나온 뼈였다. 그렇게 눈물의 맛을, 눈물의 너머를 감지하는 게 내가 한 일의 전부였을지 모른다. 많은 사람들이 내 앞에서 울었다. 많은 사람들이 내 앞에서 눈물겨운 사연을 털어놓곤 했다. 흘리는 건 눈물이었지만, 내 눈에 보이는 건 손짓이었다. 누군가를 향한, 누군가를 찾는.

 내 시가 더 이상 청춘의 비가가 아니라는 사실도 다행한 일이다. 내 나이만큼 내 시가 나이 든다는 사실도 다행한 일이다. 은비늘을 반짝이며 퍼덕대는 물고기처럼 젊고 생생한 시를 나는 더 이상 쓸 수 없게 됐다. 대신, 사람의 청춘이 아니라 사람 그 자체에 집중하게 됐다. 눈을 감고 집중하다 보면 사람의 것들이 보였다. 또렷하게, 그러나 하얗게, 지워진 페이지처럼, 무언가 사라진 모퉁이처럼, 뒤에 남는 텅 빈 자리가 보였다. 비로소 헛헛해지고 쓸쓸해져서 그윽해지던 그 자리. 그걸 오래 응시하는 습관이 생겼다. 그러고 나면 나는 정확한 물질이 되었다. 쌀알만 한 먼지를 더듬이로 짚어지고 집으로 가는 개미 한 마리처럼, 혹은 마침표처럼, 까만 점이 되었고 그때 나는 시가 저만치서 손짓하는 것을 보았다.

내 시에 당신이 남아 있다는 것 역시도 다행한 일이다. 시를 쓰는 사람으로 있는 동안, 나는 나 아닌 사람으로 살아간다. 나 아닌 사람이 내가 되는 시간. 나라고 간주되던 1인칭은 사라진다. 당신이라는 2인칭이, 우리라는 3인칭이 된다. 사람이 태어나 나이를 먹고 살아가는 일이란 게 1인칭을 분열하는 과정이란 사실을 알게 됐다. 1인칭을 폐기하는 여정이라는 사실도 알게 됐다. 분열되고 폐기된 1인칭들은 슬퍼하지 않았다. 안개처럼 뿌옇게 흩어져 허공에 남았다. 안개 입자처럼 골고루 골목 안 모든 것들의 어깨 위에 내려앉았다. 무수히 해체된 1인칭들은 이내 흩어졌고 사라졌다. 사라짐의 시간. 그것을 나는 시로 기록했다. 무수한 잔가지로 뻗어가는 가느다란 목소리를 그대로 받아 적었다. 그럴 때 나는 내가 아니라 당신들이 되었다. 곳곳에서 당신들로 남았다. 당신의 시선으로 나를 보았고 세상을 보았다. 나의 손짓과 당신의 손짓이 어긋나는 순간들에서, 또 다른 내가 태어나곤 했다. 다시 태어난 나는 사라지는 대신에 확장됐다. 오늘 내린 안개비와 같았다.

말의 한계점에서의 서성거림이 시에 많이 들어온다. 나는 그것을 단순히 말이라고 생각하지 않고 로고스라고 생각한다. 로고스가 되지 못한 말들이 입에서 흘러나오는 우리의 대화. 이걸 나는 인간의 트라우마라고 부른다. 사람에게 말이 있어서 다행이라고? 천만에. 사람에게 말은 업보였다. 말은 빚어지는 동시에 깨졌다. 그게 사람의 운명이고, 사람인 한 그 멍에를 짊어지고 고해의 언덕을 힘겹게 걸어 올라가야 한다. 사람에게 말이라는 것은 쓸모 있거나 아니거나 간에, 그 자체로 이미 트라우마다. 인간은 어쩔 수 없이 말과 사물의 간격, 말과 사람의 간격 속에서 길을 잃는다. 발화한다는 것. 그 발화를 입증하고 실천한다는 것. 그 빤한 거짓말에도 절실함은 절절하다. 그 거짓말과 절실함의 모순과 균열 속에서 인간은 속절없이 명멸한다. 시인이라면, 말의 본질과 발화된 말 사이에서 더더욱 처참하게 방황할 수밖에 없다. 그 사이를 접착하는 불가능함을 순진하게 욕망한다. 그 불가능한 접착을 모든 인류를 대신해서 욕망하는 자, 그자가 바로 시인이다. 사람의 말로 사람의 일을 기록해야 하는 시는, 그러므로 불가능성을 향해서 간다. 불가능한 줄 알고도 간다. 개의치 않는다. 그 불가능성이 시의 토양이고, 불구의 자리에서 영원히 서성이는 자, 그자가 시인이다.

내가 만약, 시에 아프다는 말을 썼거나 괴롭다는 말을 썼거나 불편하다는 말을 썼다면, 그건 아픔을 흔쾌히 허락한다는 뜻이고, 괴로움을 흔쾌히 수용한다는 뜻이고, 불편함을 흔쾌히 수락한다는 의지다. 그걸 즐기겠다는 것도 아니고, 넘어서겠다는 것도 아니고, 견뎌내겠다는 것도 아니다. 그리하여 그걸 시인하겠다는 태도다. 불가능성에서 불구인 채로 시를 얻겠다는 것이다.

덧나고 갈라지는 가지에는 앉을 자리와 누울 자리가 있었다.

손
짓
들

가장 안락한 자리는 언제나 당신들의 눈물 자리였다. 가지 끝에 매달린 것들을 눈물이라고 생각할지 이슬이라고 생각할지는 순전한 내 몫이었다. 눈물을 매단 가지를 나는 뼈라고 생각했다. 뼈를 손짓이라고 여겼다.

    나는 계속 덧나기만 했어요. 덧난 자리마다 부끄러운 길을 만들고 그 길은 또다른 길들로 무수히 갈라졌어요. 갈라져서 돌아오지 못했어요. 이제 가느다란 가지들로 남아 나는 아무것도 붙잡을 수가 없어요. 내 산책은 당신을 붙잡을 수 없어요. 다만 이렇게, 흔들리기 위해 이렇게 오래 흩어졌던 거예요. 내 생의 이렇게 많은, 다른 가지들을 만들었던 거예요. 당신이 손짓하는 것이 보였어요.

이수명, 「생의 다른 가지」에서

## 송 경 동

> 노래가 노래를 배반하지 않아도 되는 세상을 위해
> 삶이 삶을 배반하지 않아도 되는 세상을 위해
> 이 공장을 살려내라
> 이 공장은 우리 모두의
> 꿈의 공장
>
> 송경동, 「꿈의 공장을 찾아서」에서

시민들 앞에서 문학에 대한 강의를 하고 있을 때였다. 한 여성이 측은한 표정으로 질문했다. 이 시대에 문학을 한다는 게 도대체 무슨 의미가 있느냐고, 노력에 비하면 턱없이 가난하게 살아야 하지 않느냐고, 아무리 유명해진다 해도 대중적인 지지를 얻지는 못하잖느냐고, 그렇기 때문에 잘못된 세상을 바로잡을 힘도 없지 않느냐고. 문학에 대한 그 사람의 생각은 틀린 데가 없었다. 하지만 물음에 담긴 가난, 지지, 힘. 이 말들은 문학적인 삶 안에서만큼은 다르게 사용돼야 할 것 같았다.

가난, 지지, 힘. 이 말들 앞에 나는 '진정한'이라는 말을 붙이고 싶다. 그리고 뒤에 '가능성'이라는 말을 붙이고 싶다. 진정한 가난의 가능성. 진정한 지지의 가능성. 진정한 힘의 가능성. 언어와 씨름하며 문학하는 자답게 나는, 이 말들을 붙잡고 까탈스럽게 설명을 했다. 그 다음, 송경동의 시집 『사소한 물음들에 답함』과 산문집 『꿈꾸는 자 잡혀간다』를 읽어보시라고 권했다. 그 여성이 이 책들을 과연 읽을까. 읽었다면 마음이 어땠을까. 문학이 더 측은하게 여겨졌을까. 모르고 싶은 진실의 한쪽 면이 아프게 와 닿아서 못내 불편해 고개를 저었을까.

청년은 자신이 꿈꾸던 시인도 되었다. 널리 촉망받지는 못하지만 가끔은 지면도 얻었다. 종종 선생님이라는 말도 들었다. 연장 가방이나 작업복 가방이 아닌 조그마한 책가방을 메고 다닌다. 모든 게 그나마 안정을 이룬 듯하다.

장년이 된 청년은 지금도 그때의 일을 적어보곤 한다. 잘 있니? 그 잡부 숙소는 가끔 들러보니? 그때의 사람들은 모두 안녕하고? 결핵은 다 나았나요? 언제나 우리는 다시 만날 수 있을까요?

『꿈꾸는 자 잡혀간다』에서 내가 챙겨둔 구절이다. 청년 시절에 비하면 무척이나 아늑해진 자신의 일상에서, 그는 끊임없이 험난했지만 꿈 하나만큼은 간절했던 과거를 돌아본다. 그때의 인연들에게 안부를 묻는다. 돌이켜보고 되새긴다. 잊지 않으려고 애쓰며 기록한다. 이건 아닌데, 이런 건 아니었는데 하면서. 이 산문집 앞부분의 절반 이상은 이건 아닌데, 이런 건 아니었는데에 대한 뼈아픈 기록이다. 이 책을 읽은 사람이 함께 이건 아닌데에 동참하게 되고, 이런 건 아니었는데 때문에 잠을 청할 시간에 뒤척이게 된다면 그 사람은 송경동의 편이자 가난의 편이다. 가난의 편에 서서, 가난하지 않은 삶의 가난을 괴로워하는 사람이다. 가난하지 않은 삶이 도리어 불편한 사람이다. 안녕하지 못할 뿐만 아니라, 밥그릇을 빼앗겨 내몰리고 죽음에까지 이르는 사람들의 소식이 귓전에 들려오는 이 세상에서, 나만 안녕하다는 사실에 안도하는 괴물은 아직 되지 않은 사람이다. 송경동이 자신의 꿈꾸는 청춘을 소회하고 이웃의 가난한 마음들을 기록한 이유가 바로 이것이다. 가난함을 다시 들춰서, 윤택해진 우리가 어째서 여전히 가난하고, 가난한 사람보다 더 가난한지를 생각해보게 한다. 얼마나 많은 사람들에게 빚진 채 이 윤택함을 누리고 있는

지, 그 미안함을 들춰보게 한다. 가난함은 홀로 가난하지 않으며, 윤택함도 홀로 윤택할 리 없다는 우리의 연결들을 보게 한다. 나는 그걸 진정한 가난의 가능성이라고 생각한다.

송경동은 자신의 삶 자체로 투쟁 현장을 기록한다. 대추리(평택 미군기지 이전 부지), 기흥(수원 삼성 반도체 공장 소재지), 기륭(비정규직 투쟁이 6년간 지속된 중소기업), 용산(2009년 1월 철거민 참사), 그리고 한진(김진숙의 크레인 고공농성이 벌어진 중공업체). 실천과 연대의 힘으로 쓰인 그의 시와 산문은 훗날, 2000년대가 어떻게 시작됐고 흘러갔는지 제대로 알고 싶어할 사람들에게 더욱 소중할 자료다. 이 당대를 위선과 은닉 없이 고스란히 기록했으므로. 얼마나 이상하고 불가해한 폭력이 지배했는지, 어째서 사람이 꾸는 꿈은 더욱 강렬해졌는지, 꿈과 꿈이 똘똘 뭉쳐 어떤 힘을 만들고 어떤 지지를 얻어 불길처럼 번졌는지. 우리가 사람이어서 얼마나 다행이었는지.

그는 오래 수감되었다가 나왔다. 죄명은 특수 공무 집행 방해 치상, 교통 방해, 공동 주거 침입, 집시법 위반 등이었다. 그의 구속은, 상처 받은 자의 편에 서서 함께 울고 아파한 사람보다, 법을 속여 가난한 자의 마지막 밥그릇과 마지막 방 한 칸마저 빼앗아버리는 권력의 편에 법이 서 있음을 다시 한 번 각인해주었다. 그는 출옥하자마자 쌍용 해고 노동자들의 분향소를 함께 지키러 갔다.

그는 자신의 안위만을 돌보던 우리 모두를 흔들어 깨운 사람이다. 이건 아닌데, 이런 건 아니었는데를 일깨워준 사람이다. 이 흔들어 깨움이 주는 불편은, 그가 발휘하고 있는 진정한 힘이고 그가 얻고 있는 진정한 지지다.

감옥 벽에 균열이 있어서, 그 틈에 대고 바깥을 향해 연신 진실한 이야기를 속삭이던 여인이 있었다. 그 속삭임이 온 나라에 퍼져 마침내 백성들이 힘을 모았고, 억압된 나라가 해방을 맞았다는 미얀마의 옛이야기가 있다. 미얀마 사람들은 어린 자식을 무릎에 앉히고 그 이야기를 들려주며 희망이 어떤 식으로 찾아오는지 깊이 각인해준다는 말을 어디선가 들었다. 내겐 송경동의 글이 그 옛이야기인 것만 같다.

아, 이런 좋은 꿈들을 꾸다 보니 갇혀 있다는 생각이 전혀 들지

송경동

않는다. 정리해고와 비정규직화는 어쩔 수 없다는 이 시대의 감옥에서, 모든 억압과 좌절의 감옥에서 더 많은 사람들이 나비처럼 훨훨 날아 나오는 꿈을 꿔본다.

송경동, 『꿈꾸는 자 잡혀간다』에서

감옥이 어디인지, 이제는 문학만이 제대로 말할 수 있다. 어쩔 수 없다는 좌절의 몽롱함이 아니라, 꿈꾸는 자의 악착같은 힘으로.

언제부터인가

있는 말보다

없는 말을 꿈꾼다

송경동, 「아직 오지 않은 말들」에서

# 수 집 하 다

곧잘 먼 곳을 멍하게 바라본다. 언제나 가시거리의 최대치에 시선을 둔다. 특히, 비 온 뒤 맑은 하늘을 바라보는 일이 좋다. 깨끗해진 하늘 덕에 다른 날보다 더 먼 곳을 볼 수 있어서 좋다. 비가 갠 새벽에는 옥상에 올라가 깜깜한 하늘을 올려다본다. 간밤에 내린 비는 이 세상으로 오려던 것이 아니라는 짐작을 해본다. 분명, 하늘을 세척하기 위한 것이었다고 생각한다. 지상으로 오는 비는 수챗구멍으로 흘러가는 남은 물 같다고 생각한다. 비는 별조차 뽀득뽀득 닦아놓았다. 북극성이 도톰해졌고, 오리온좌와 카시오페이아좌가 오롯하다. 그럴 때 이 지구별을 비관하던 태도는 바람에 쓸려 가버리고, 밤하늘을 올려다보며 나는 방긋방긋 웃는다. 이런 하늘을 보면, UFO의 지구 정복설이 그럴 법도 하다는 생각이 든다. 이 예쁜 것을 빼앗고 싶었으리라고 그 마음을 용납은 아니어도 이해하게 된다. 비 온 다음 날 아침. 깨끗하고 명징하고 드넓어진 하늘. 북한산과 한강까지 호방히 보여주는 하늘. 가시거리가 성큼 물러난 하늘을 바라보면 두근거린다. 살기 싫을 만해질 때면 그렇게 하늘이 나를 돕는다. 오직 푸름과 투명함으로 나의 우울을 제압한다. 그런 날은 날개 없이도 하늘을 날 수 있을 것 같다. 파랑을 뚫고 내가 짐작하고 짐작하던 너머의 세계로 갈 수 있을 것만 같다. 다른 날에는 볼 수 없었던 저 너머의 산봉우리가 훤히 보이기 때문이다. 그럴 땐 꼭 끝이 보이는 것만 같다. 하늘을 보는 일은 이렇게 비가 올 때나 비가 온 뒤에 주로 하는 일이다.

대부분의 다른 날들은 고개를 숙여 땅을 보며 걷는다. 고개를 숙이는 것도, 땅을 보는 것도, 언제부턴가 고집스러울 정도로 내가 반복해온 것이다. 돌멩이가 있으면 신발코로 차고, 보도블록 틈새에 끼인 풀을 밟지 않으려고 요리조리 발을 디딘다. 솔방울 하나가 떨어져 있거나, 모양 좋은 낙엽이 떨어져 있을 때에는 허리를 굽혀 줍는다. 손바닥 위에 올려놓고 자세히 들여다보면, 떨어져 나뒹구는 무심한 사물 하나가 얼마나 아름다운 무늬를 지녔는지, 나는 늘 감탄한다.

바다에 한 번 갈 때마다 조개껍데기를 하나씩 줍는다. 되도록 부서지지 않고 온전한 것으로, 되도록 작은 것으로, 되도록 색이며 무늬가 고운 것으로. 반드시 하나만을 줍는다. 새끼손톱만 한 조개껍데기가 내 책상 위 종지 안에는 수북하다. 바다를 다녀온 횟수와 조개의 개수가 언제부턴가 일치했다. 여행 중에 한 번쯤 일부러 찾아가곤 하는 절에서는 솔방울을 하나 주워 온다. 기왕이면 통통하고 결이 가지런한 것으로, 기왕이면 아주 작은 것으로. 솔방울 하나를 주머니에 넣고 만지작거리면, 손에 솔 냄새가 밴다. 집에 가져와서 두면 조금씩 조금씩 꽃처럼 피어난다. 어떤 것들은 처음 주웠을 때와 전혀 다른 모습으로 변해간다. 내 책상 위 그릇 안에는 솔방울이 가득하다. 내가 절에 다녀온 횟수와 솔방울의 개수는 언제부턴가 대략 일치했다.

흡스굴[1]에서 수일을 보낼 때였다. 호수가 맑고 차고 깨끗했음은 물론이지만, 달과 별이 이루 말할 수 없이 커다랬다. 그곳에서 아무 일도 하지 않고 지냈다. 책 따위, 의미가 없었다. 온전한 풍경을 나는 바라보고 또 바라보았다. 고개를 들면 하늘을, 고개를 숙이면 들꽃을 하염없이 바라보았다. 민들레며 쑥부쟁이며 에델바이스까지, 모든 계절의 꽃이 한꺼번에 피어 있는 들판에 쪼그리고 앉아 들꽃과 독대하던 때였다. 자그마한 벌레 한 마리가 부

---

[1] 러시아와 국경이 닿는 몽골 북부 지역에 있는 거대한 호수.

러져 떨어진 나뭇가지 위를 길인 양 기어가고 있었다. 기어가면서 나무껍질을 갉아먹고 있었다. 꼬물꼬물 기어가는 벌레의 꽁무니에는 꼬불꼬불한 오솔길이 생겨났다. 나뭇가지 위를 천천히, 끝없이, 벌레는 걸어 다녔다. 나는 그걸 계속 지켜보았다. 벌레는 발을 헛디뎌 나뭇가지에서 땅으로 떨어졌고, 나뭇가지에 다시 오르려 애를 쓰며 버둥거렸다. 한참을 애쓰던 벌레는 홀연히 나뭇가지를 버리고 표표히 등을 돌려 총총히 사라졌다. 벌레가 나뭇가지로 돌아올 가능성이 사라질 때까지, 나는 쪼그리고 앉아 그걸 쳐다보았다. 그런 후, 남겨진 나뭇가지를 주워 들고 게르로 돌아왔다. 몽골에서 집으로 돌아올 때 그 나뭇가지를 배낭에 챙겨 넣은 건 당연한 일이었다. 벌레 한 마리가 굽이굽이 골목길을 만들어놓은 나뭇가지는, 지금은 홉스굴에서의 하루하루를 기억나게 해주는 유일한 사물이 되어 있다.

문을 열어두고 바람 따위에 닫히지 않게 문틈에 그걸 괴어놓기도 하고, 빈 벽에 비스듬히 세워두기도 한다. 누군가는 집에 놀러 와서 나뭇가지의 희한한 무늬에 대해 묻는다. 그때마다 나는 그 얘기를 해준다. 듣는 이는 내게 그만큼 외로웠느냐고 묻는다.

무엇을 하염없이, 그리고 목적 없이 바라보는 일은 외로움에서 기인한 것일까. 나는 잘 모르겠다. 그렇지 않다고 말하고 싶지만, 그렇지 않은 것도 아니란 생각이 든다. 어쨌거나 그 나뭇가지를 통해서 사람들은 나의 외로움 따위를 읽어 가곤 한다.

 꼭 어디에 가서만 무엇을 줍는 것은 아니다. 지난 봄과 여름에는 마당에서 네 잎 클로버를 색출하는 작업에 몰두했다. 흙이 좋지 않은 마당 한켠에 장난삼아 클로버 씨앗을 잔뜩 뿌렸다. 클로버는 너무나 금세, 너무나 강하게, 너무나 잔뜩 마당을 덮어버렸다. 초록 클로버 잎과 하얀 클로버 꽃이 마당 한쪽을 싱그럽게 뒤덮고 있을 때, 나는 나비 한 마리처럼 그 속에 있곤 했다. 네 잎 클로버는 곧잘 눈에 띄었고, 어떤 줄기에서는 무더기로 발견됐다. 반가워 꺾고 나면, 그 자리에 또 금세 네 잎 클로버가 올라왔다. 매일 하나씩 네 잎 클로버를 찾아냈다. 두세 개가 발견된 적도 많았지만, 내일을 위해서 나머지는 남겨두고 하루에 하나만 꺾어서 책갈피에 끼워 넣었다. 그렇게 해서, 움베르토 에코의 『추의 역사』는 페이지마다 네 잎 클로버가 끼워져 있다. 그러니까 그 책 속에 간직된 네 잎 클로버의 개수와 내가 아무 약속 없이 하루 종일 집에만 있던 지난 계절 어떤 나날의 숫자는 거의 일치하지 않을까 싶다.

지난여름엔 잠자리 한 마리가 방 안으로 날아들었다. 유유히 비행하면서 내 방을 자기 방처럼 휘젓던 잠자리는, 쉴 만한 곳을 찾아 이리저리 앉았다가 다시 날고 앉았다가 다시 날았다. 잠자리가 어떤 자리를 고를지 자못 궁금해진 나는 그 유유한 비행을 지켜보았다. 잠자리는 하고 많은 곳을 두고 책상 위 자그마한 선인장에 앉았다. 왜 선인장을 선택했는지, 나는 잠자리의 취향을 도저히 이해할 수 없었다. 잠자리는 선인장에 앉은 채로 너무 오래 있었고, 선인장에 앉은 채로 명을 다했다. 다음 날에도 그 다음 날에도 잠자리는 그 자리에 앉아 있었다. 다시 날아가도록 입김을 불어도 보고 건드려도 보았지만, 잠자리는 날개를 펼친 채로 꼼짝을 않았다. 잠자리가 선인장을 선택한 게 아니라, 어쩌면 선인장에 붙잡혀버린 것일 수도 있음을 그제야 나는 알게 됐다. 가시 돋친 사물에 스친 여린 잠자리의 몸통은 그 자리에서 떠날 수 없는 입장이 되어버렸다. 죽은 잠자리를 그 자리에 그대로 두었다. 살아 있을 때와 별반 다르지 않은 자태로, 잠자리는 선인장을 껴안고 여러 날을 보냈다. 어떤 날은 욕실 창문으로 벌이 날아와 죽어 있기도 했다. 엉덩이에 바늘을 꽂은 모양 그대로, 세면대 귀퉁이에서 죽어 있는 벌을 발견했을 때 나는 그걸 주워 잠자리 곁에 놓아주었다.

무언가를 줍는 버릇이 반드시 기분 좋은 추억만을 얻게 하진 않았다. 어린 날에는 무언가를 주워 집에 가져오려다가 몹쓸 경험을 하고 죄책감에 시달린 적도 있다. 철 지난 대천 해수욕장으로 여행을 갔을 때였다. 태어나 처음으로 불가사리를 보았다. 정확하게 말하자면, 새빨간 불가사리의 시체를 보았다. 무척 예뻤다. 별 모양을 하고 있었다. 그걸 주워서 민박집으로 들고 오자 누군가 충고했다. 오래 두면 썩어서 냄새가 날 거라고. 썩은 생선처럼 이상한 냄새가 진동할 거라고. 묘책이 필요했다. 썩지 않고 냄새가 나지 않게 잘 보존해서 불가사리를 가져갈 궁리를 하다가, 그걸 버너에 굽기로 결정했다. 익혀서 가져가면 냄새가 나지 않을 거라는, 이상한 결론에 도달한 것이다. 나무젓가락으로 불가사리를 집고 불 위에 대고 쥐포를 굽듯 구웠다. 서서히 익어가자, 불가사리는 젓가락에 집힌 한쪽 면을 남겨둔 채 툭, 하고 바닥에 떨어졌다. 마치 고등어의 살처럼 보기 좋게 쪼개져버렸다. 겉모양이 단단해 보였던 불가사리도 속살은 여리디여렸다. 바닥에 떨어져버린 나머지 몸통도 아무렇게나 발라 먹은 고등어구이처럼 해체돼버렸다. 더 이상 예쁜 별 모양이 아니었다. 이미 죽은 시체였지만 불가사리의 어여쁜 별 모양을 함부로 훼손했다는, 이상한 죄책감에 꽤 오랫동안 시달렸다.

 오키나와를 여행하다 배를 타고 작은 섬으로 들어가 하룻밤을 지냈을 때에도 비슷한 일을 겪었다. 저녁 산책을 하며 어촌 마을 골목을 거닐 때였다. 작은 골목 한가운데에 아주 예쁜 소라가 놓여 있었다. 냉큼 집어 호주머니에 챙겨 넣었다. 숙소로 돌아와 옥상 벤치 위에 둔 채 자고 일어난 아침, 소라는 제자리에 없었다. 누가 가져갔을지 옮겨갔을지, 갸우뚱하며 주변을 두리번거리자니 몇 발자국 떨어진 바닥에서 게의 앞다리 비슷한 것이 발견됐다. 몇 발자국 떨어진 바닥에서 또 게의 다리 한 마디가 발견됐다. 소라는 저만치에 있었다. 그것은 소라가 아니라 소라게였다. 살아 있는 게 한 마리가 그 속에 들어 있었다. 소라게는 필사적으로 바다를 향해 도망쳤을 거였다. 한쪽 다리가 잘려나가고, 또 한쪽 다리가 잘려나가면서도 필사적으로 살겠다고 바다를 향해 탈출을 시도했을 것이었다. 소라게를 얼른 집어 바닷가로 뛰어가 물속에 놓아주었다. 소라게는 금세 파도를 타고 어디론가 흘러갔다. 남은 다리를 열심히 움직여가면서. 불구가 되어버린 소라게가 안전하게 바닷속으로 들어갈 때까지, 나는 바라보았다. 자꾸만 잘려나간 다리 한 토막이 떠올랐다.

그해 여름에, 그해 겨울에, 나는 혼자서 혹은 누군가와 함께 길을 걸었고 무언가를 주웠다. 사소했고 아무것도 아닌 것을 보물로 가져와 간직하며 지냈다. 어떤 것은 추억을 직조해주었고 어떤 것은 계속해서 마음을 아프게 했다. 마음 아픈 것들은 내내 마음을 아프게만 했다. 내가 그 사물과 만난 것은 너무나 사소한 일이지만 사소한 일들은 마음 아픈 일일수록 운명처럼 커다래진다. 주워 온 사소한 사물들을 내가 간직하는 것은 추억이 소중해서가 아니라, 사소함이 이토록 커져간다는 것을 잊지 않고 싶어서다.

수집하다

어느 날은

물성도 수평을 고집하는 날엔

설핏 도토리가 굴렀다

그럴 때마다 칠십 리 칠십 리 소리를 들었다


도토리 안에 분명 겨울이 들어 있을 거였다


주머니에 넣고 걸으며 도토리가 손에 잡힐 때마다

칠십 리 칠십 리

나도 따라 걸었다

이병률, 「진행의 세포」에서

## 심심함

우리가 잃어버린 세계는 꿈이 아니라 심심함의 세계이다. 심심함을 견디기 위한 기술이 많아질수록 잃어가는 것이 많아진다. 심심함은 물리치거나 견디는 게 아니다. 환대하거나 누려야 하는 것이다.

# 순교하는 장난
김수영에게


팽이를 돌리는 아이가 당신의 커다란 눈동자 속에 있다. 팽팽 돌아가는 팽이가 당신의 눈동자 속에 있다. 팽이의 축이 당신의 동공을 파고 들어간다. 당신의 동공에는 정직을 사수한 자의 독기가 있고, 경멸에 찬 시선 끝에 매단 서러움이 있다. 정직을 사수하고 싶어서 당신은 번번이 바로 보려고 애쓴다. 사물과 사물의 생리와 사물의 수량과 한도와 사물의 우매와 사물의 명석성을[1] 바로 보려고 한다. 바로 본다는 것은 속지 않겠다는 뜻이다. 속지 않겠다는 의지는 독기를 품고 있다. 순간이 순간을 죽[2]여가며 눈속임을 하려는 현대에 경멸과 야유를 퍼붓는다. 비루한 세상을 경멸하기 위해 비루한 시어들을 끌고 들어와 갱생을 도모하는 당신은, 그것으로 모더니티와 싸움을 시작한다.

모리배들한테서 언어의 단련을 받고, 유치한 언어를 통하여 그렇게 유치하게 되었다.[3] 그 유치함을 당신은 사랑한다. 그러면서 당

---

1 김수영, 「공자의 생활난」에서.
2 김수영, 「비」에서.
3 김수영, 「모리배」에서.

신의 거처는 의자가 많아서 걸리고 테이블도 많아서 걸리는, 바닥이 없는 집이 되어가고 모서리만 남은 난삽한 집으로 기꺼이 기꺼이 변해[4] 간다. 이렇게, 당신이 그토록 경멸하는 모더니티에 당신 삶을 기꺼이 합류하고, 그 합류를 스스로 조롱한다. 현대는 현대를 배반하고 따돌리며 비하한다. 그게 모더니티의 도덕성이다. 그렇게 모더니티의 자가당착과 모더니티의 자기모순을 몸소 실천함으로써, 당신은 모더니티의 도덕성을 완성한다. 적의 도덕성을 완성하는 당신은 서럽고 아프다. 아픈 몸이 아프지 않을 때까지[5] 당신은, 당대라는 온갖 식구와 온갖 친구와 온갖 적들과 함께 적들의 적들과 함께 무한한 연습[6]을 해왔지만, 그 모든 것은 작전 같은 것이기에 어려웁다.[7]

팽이가 돈다. 어린아해이고 어른이고 살아가는 것이 신기로워 물끄러미 보고 있기를 좋아하는 당신의 너무 큰 눈 앞에서 아해

---

4 김수영, 「의자가 많아서 걸린다」에서.
5 김수영, 「아픈 몸이」에서.
6 김수영, 「아픈 몸이」에서.
7 김수영, 「공자의 생활난」에서.

가 팽이를 돌린다.[8] 시선이란 골똘하면 골똘할수록 풍경으로부터 소외되는 습성이 있다. 신기해하며 골똘히 바라볼수록, 당신은 팽이로부터 소외되고 팽이를 돌리는 아이로부터 소외된다. 폭격하던 비행기가 풍경의 대부분이던 시절을 지나고 나니, 여유로이 마당에서 팽이를 돌리는 아이가 있는 풍경이 당신 앞에 있다. 아이들은 으레 수천 년 전의 성인聖人과 같이[9] 풍경을 바라보지 않는다. 스스로 풍경 속에 뛰어 들어가서 논다. 스스로 풍경의 일부가 된다. 풍경 앞에서 그것을 골똘히 바라보는 자는 언제나 날이 서 있고 피로하다. 그것은 마치 작전처럼, 부단한 연습으로 엄격한 규칙으로 완수되어야 한다. 그러니 아이의 입장에서는, 팽이나 돌리는 입장에서는, 당신의 태도는 인위 혹은 억지일 수 있다. 달나라의 작전처럼 도무지 비현실 같을 수 있다. 작전이 난관을 이겨내기 위한 수단이라면, 장난이란 모름지기, 그 난관 자체를 목적으로 하는 놀이다. 어지럽게 돎으로써 장난감으로서의 존재

---

8 김수영, 「달나라의 장난」에서.
9 김수영, 「달나라의 장난」에서.

감을 팽이가 완수해내듯, 그렇게 어지러울 때에야 비로소 중심을 잡고 돌 수 있듯, 장난은 어지러움 속에서 세상에게 속지 않고 비껴가는 재주를 부린다. 장난이 곧 당신이 말한 바, 와선臥禪[10]과도 같은 경지인 셈이다. 이 낙천적이고도 버르장머리 없는 태도를 지닌 구도의 방식은, 드잡이처럼 억센 독기가 아닌 천진성을 통해서, 그 무장해제를 통해서, 마땅해선 안 될 마땅한 것들과의 불온한 조우를 실천한다.

그러나 천진하기엔 이미 선비이고, 도취에 몰입하기엔 너무나 맨 정신이며, 모리배이기엔 너무나 공자이고, 원대해지기엔 너무나 쫀쫀하며, 자유롭기엔 너무나 생활인인 당신은 고스란히 모더니티의 모순을 앓을 수밖에 없다. 당신은 너무나 어른이라서, 이미 어른이라서 서럽다. 영원히 나 자신을 고쳐가야 할 운명과 사명에 놓여 있는, 한사코 방심조차 하여서는 아니[11]되므로 서럽

---

10  "내 딴으로 생각한 와선이란, 부처를 천지팔방을 돌아다니면서 구하는 것이 아니라 자기의 골방에 누워서 천장에서 떨어지는 부처나 자기의 몸에서 우러나오는 부처를 기다리는 가장 태만한 버르장머리 없는 선의 태도다." 김수영, 산문 「와선」에서.
11  김수영, 「달나라의 장난」에서

다. 그런 당신을, 팽이는 조롱하는 것만 같다. 변덕스럽게 배반하고, 생각 없이 따돌리며, 뜬금없이 비하하는 모더니티의, 마치 어린아이와도 같은 시선 또한 당신을 조롱하는 것만 같다. 당신 스스로 당신을 조롱했듯이.

우리는 당신의 비참을 생각한다. 당신이 노려본 세계에서, 당신이 그토록 갈망하던 자유와 맨 정신을, 당신은 얻지 못했다고 생각되므로. 철망을 지나가는 비행기의 그림자보다는 훨씬 급하게 스쳐가는 당신의 고독을 누가 무슨 신기한 재주를 가지고 잡을 수 있[12]었겠는가. 모더니티와 싸워서 깨달음을 얻지 못한 자는 그러나 역설적으로 모더니티를 완성한다. 아니, 적과 싸워 깨달음을 얻지 않음으로써 시인은 문학을 완성한다. 당신이 완성한 문학의 자리에서, 우리는 우리의 비참을 생각한다. 우리의 비참에는 정체가 없다. 하는 데까지 해보는 수밖에 없겠다는, 그래도 이 세상은 별반 달라질 게 없겠다는 문학의 마지막 세대로서 느끼는 허무는 아니다. 단지 우리의 비참은, 장난을 끝내고 났을 때

---

12 김수영, 「더러운 향로」에서.

에 우리가 어째야 하는지를 모른다는 점이다. 팽팽팽 돌던 팽이처럼 쓰러져 누워야 하는 걸까.

언제나 성숙을 지연하고자 하는 우리의 장난은, 어쩐지 돌의 운명과도 같다. 활짝 피었다 시드는 꽃잎이 아니라, 한 번도 젊어본 적이 없어서 영원히 늙지 않는 돌의 운명. 차라리 돌이라면 낫겠다. 한 번도 태어나본 적이 없어서 죽을 일도 없는 마네킹과도 같다. 아니, 이 시대의 주인공을 이미테이션한 피규어 같다. 생명을 얻은 적이 없어서 목숨을 잃을 일도 없다는 점이 특히 그렇다. 늙지 않고 낡아가는 피규어의 운명이 이제는 모더니티의 남은 속성일까. 그래서 우리는 이미 사망했을까.

한 시대의 여물인 고통과 한 시대의 신발인 절망감, 한 시대의 비행과 한 시대의 불감증을 한 시대의 길가에서 우리는 사랑의 편지를 주웠지만 아무에게도 전하지 않는, 우리는 어쩌면 이미 사망했다. 그리고 먹고 마셨다. 한 시대의 습기와 한 시대의 노린내를 우리는 두 개의 입으로 토해냈다. 자고 나면 햇볕에 이불을 말리고 떠벌려 입을 말리고 시들어갔다.[13]

당신은 미완이어서 더더욱 생생한 시인이었고 싸움꾼이었다.

우리는 더 이상 사색하지 않는다. 당신이 턱을 괴고 노려본 세계에서, 우리는 당신이 좋아라 했던 그 와선을 실천하고 있다. 그렇다고 이것이 사랑을 알 때까지 자라[14]서 얻은 자세는 아니다. 불운인지 행운인지, 우리는 태생적으로 복사 씨 살구 씨다. 단단한 고요함에 둘러싸여 있어서 우리는 그 씨앗 안에서 썩어가며, 그 씨앗 안에서 신음과도 같은 아우성을 시로 쓴다. 우리의 시는 각자의 씨앗 안에서 발화하는 혼잣말인 셈이다. 씨앗의 입술로 발화하는 너무나 너무나 작은 목소리인 셈이다. 누군가 땅에 엎드려 귀를 기울여준다 해도 들릴락 말락 하는 옹알이이자 비명인 셈이다.

우리는 각자의 씨앗 속에서 각자의 비명으로 연대하고 있다. 아무렇지도 않게 함부로 고요[15]한 채로, 결코 발아하지 말자는 발화를 하는 셈이다. 그럼으로써 우리는, 당신에게서 배운, 적극적인 소극주의자의 긴장감을 변주한다. 적극적인 소극주의자의

---

13  이성복, 「蒙昧日記」에서. (한문 표기를 한글로 바꾸어 옮김.)
14  김수영, 「사랑의 변주곡」에서.
15  김중식, 「난리도 아닌 고요」에서.

최선은 장난이다. 장난은 자발적이고 자유롭다. 팽이처럼 자기 동력으로 운영된다. 그 자체로 목적성을 갖춘, 이 시대의 가장 유력한 불온함이다. 경박성으로써 고결함을 완결짓는다. 당신이 그토록 추구하던 도취와 정신 차리기라는 양가성, 속박과 자유라는 양가성을 장난만이 쉽게 뛰어넘는다. 불운인지 행운인지, 우리는 영원히 젊지도 늙지도 않는, 철들 수 없는 어린아이의 운명을 타고났으므로, 장난밖에는 할 줄 아는 게 없다.

그러나 이제는 해 아래 새로운 장난이 없다. 우리는 전통이 되어버린 모더니티라는 유령과 장난 중이다. 그 사이 우리는 아프고 늙지는 않았다. 그날의 햇살과 눈부신 의심 속에서 무엇이 유령인 것은 중요하지 않았다. 내가 어느 시대를 살고 있느냐, 그게 문제였다.[16] 모더니티는 새로움이 최상의 가치지만, 영원히 늙지 않는 피규어의 운명을 덮어쓴 우리는, 더 이상 새로울 수 없는 모퉁이에서 새롭고자 하는 불가능에 도전한다. 새롭기 위해서 우리

---

16 "그 사이 나는 아프고 늙지는 않았어요 / 그날의 햇살과 눈부신 의심 속에서 // 내가 유령인 것은 중요하지 않아요 / 내가 어느 시대를 살고 있느냐, 그게 문제겠지요" 김언, 「유령-되기」에서.

는 기형을 착안한다. 스스로 기형이 되어가는 중이다. 기형이 되어서 기형에 대해 발화하는 것. 당신에게서 배운 불온한 전위를 우리는 불온한 기형으로 바꾸어 실천하는 중이다.

그러므로 우리는 잠이었다. 자면서 고통과 불행의 정당성을 밝혀냈고, 반복법과 기다림의 이데올로기를 완성했다. 우리는 놀고 먹지 않았다. 끊임없이 왜 사는지 물었고 끊임없이 희망을 접어 날렸다.[17] 영원히 사춘기로 살기 위해서 우리는 꿈을 종이비행기처럼 접어 날리고 잠 속으로 도망쳤다. 우리를 찾는 벽보를 읽어보면 애절하다. 그러나 우리의 개성은 목걸이나 개끈에서 찾을 수 있다. 우리가 스스로 목걸이를 벗을 수 있을까? 귀를 핥고 또 핥으며 우리는 교감을 나누었다. 개끈 같은 건 생각도 안 했다.[18] 당신이 혁명은 안 되고 방만 바꾸[19]듯이, 우리는 새로움을 구할 방법이 없어서, 시의 노선을 바꾸어본다. 돌아갈 방법 같은 건 생각도 안 한 채로. 이것은 미숙조차 아닌, 발아조차 안 한, 복사

---

17  이성복, 「어째서 이런 일이 벌어졌을까」에서.
18  김행숙, 「너무 고요한」에서 "강아지"를 '우리'로 바꾸어 인용.
19  김수영, 「그 방을 생각하며」에서.

씨 살구 씨로서 시를 살기 때문에 얻은 자유다. 우리가 어리다고 당신은 한탄하지 마시라. 우리는 우리 가슴에 또 하나의 종지부를 찍어야[20] 한다. 불온이 아닌 악동, 반란이 아닌 반동, 이것이 우리에겐 우리의 악기로, 우리의 음계를 찾는 우리의 주법이다.

오케스트라가 공연을 시작하려고 한다. 연주자들은 무대 위에 올라가 각자의 악기를 꺼낸다. 오보에가 먼저 소리를 낸다. 오보에의 소리에 맞춰서 연주자들은 각자의 악기를 조율한다. 공간의 변화와 기후의 변화에 민감할 수밖에 없는 악기들은, 오늘같이 우울한 날씨와 경박한 공간에선 자신이 지녔던 절대 음을 조금씩 이탈해 있다. 비음처럼 장난기 있고 뒤뚱거리는 음색을 지닌 오보에는 공간과 기후에 내성이 강한 악기여서, 오케스트라는 오보에에 맞추어 절대 음을 찾는다. 그렇게 정확한 나무였던 오보에도 예전에는 지금보다 반음계가 낮았다. 음악이 종교에 봉헌되던 시대에는 작은 공간에서의 연주로도 충분했기 때문에, 오보에는 지금보다 반음이 낮았고 소리의 파장도 짧았다. 음악

20 김수영, 「웃음」에서.

이 일상으로 환속하자 오보에는 더 큰 공간에서 연주할 수 있도록 반음을 높이게 된다. 더 멀리, 더 많은 사람이 들을 수 있도록 자기 음계를 올렸다. 오케스트라 전체가 반음을 높인 오보에에 맞추어 다시 절대 음을 찾는다.

그러나 우리는 지금 여기에서 시의 음계를 반음 낮춘다. 인간들 속으로 환속한 시가 다시 종교로 탈속하기 위해. 사과와 수첩과 담배와 같이 인간들이 걸어간다. 뮤즈여 앞장을 서지 마라. 그리고 너의 노래의 음계를 조금만 낮추어라. 오늘의 우울을 위하여, 오늘의 경박을 위하여[21] 우리는 순교하듯 팽이를 든다. 타블레이드를 든다. 그리고 달나라로 간다. 우리에겐 고향이 없지. 고향을 잃어버린 것도, 잊은 것도 아닌, 그냥 없을 뿐이야.[22] 우리는 우리가 고향이다. 우리는 영원히 발아하지 않는 복사 씨 살구 씨이므로.

---

21  김수영, 「바뀌어진 지평선」에서.
22  유형진, 「피터래빗 저격사건 ―의뢰인」에서 "나"를 '우리'로 바꾸어 인용.

숭 배 하 다
　당 신 의　거 짓 말 을


사실, 당신이 나를 따라 웃을 때 나는 너를 죽이고 싶었던 것이다
강정, 「사실, 사랑은…」에서


당신의 거짓말을 듣는다. 당신이 거짓말을 하고 싶어서가 아니라, 나의 몸짓이 당신에게 거짓말을 요청하고 있어서, 당신은 나에게 거짓말을 한다. (너만을) 사랑한다고. (전적으로) 고맙다고. (언제나) 행복하다고. (오직 너만이) 그립다고. 당신과 나 사이에 오가는 거짓말들은 갖가지 상념들(너 외에 내가 사랑하는 사람들, 고맙기 이전에 부담이 되는 것들, 미안하고 빚진 기분이 드는 찜찜함들, 불현듯 나를 치고 들어오는 뜻 모를 불행의 징조들, 우울들, 간간이 사무치게 그리운 먼 사람들)을 걷어내기 위한 주술 같다. 믿자고, 믿어지건 아니건 간에, 그냥 턱없이 믿어버리자고 나는 우리를 속인다.

당신은 거짓말을 하지만, 나를 속일 생각은 없다. 오히려 속이는 건 당신 자신이다. 당신 자신을 먼저 철저히 속이고 나서 내게 건네는 말이기 때문이다. 당신은 정말로 믿는다. 사랑한다는 것을. 고맙다는 것을. 행복하다는 것을. 그래서 한껏 천진한 표정

으로 내게 거짓말을 해 온다. 당신의 거짓말은 요망스럽다가도 불현듯 아름답다. 그 아름다움 때문에 나는 당신의 거짓말을 가장 독실하게 경청하는 애청자가 된다.

사랑 앞에서 사랑을 믿는 행위는 거짓말을 숭배하는 행위와 다르지 않다. 노련한 거짓말이라서 숭배하는 것이 아니라, 숭배에 관하여 노련하기 때문에 가능한 작당이다. 거짓말이 사랑을 부르는 것은, 사랑이 거짓말을 사랑하기 때문에 가능한 작당이다. 영원히 변치 말자는 거짓말이 약속으로 둔갑하는 그 순간을, 사랑은 사랑한다. 영원하자고 말하는 순간을, 그 발화 자체를 겁내지 않는 만용을, 사랑은 사랑한다. 사랑은 그렇게, 자기 한계에 자기를 가두고 마는 얌전함보다는, 자기 한계를 지워나가고 부숴버리는 강령 자체를 사랑한다.

감히 누군가의 마음속으로 첨벙, 하며 투항하는 그 자세를, 감히 누군가가 육체 속으로 첨벙, 뛰어 들어오는 것을 두 팔 벌려 받아들이는 이 자세를, 감히 누군가와 함께 손을 맞잡고 한계치의 벽으로 달려가 머리를 짓찧고 흘리는 생피를, 사랑은 사랑이라고 호명하고 싶어한다. 그래서 우리는 기꺼이, 사랑이 사랑을 제대로 호명하게 하기 위한 모르모트가 된다. 그래서 우리는, 대가를 치르고 사랑이 하사하는 사은품을 받아들고 사랑을 얻었다고 환희 작약한다. 그렇게 얻은 환희 작약이기에 우리는 세례를 받은 사람처럼 새로 태어나며, 그렇게 얻은 빛이기에 우리 얼굴엔 화색이 돈다. 그렇게 얻은 화색이기에 사랑을 하는 우리는 이토록 아름답다.

나는 오늘도 당신의 거짓말로 배불렀다. 이런 적은 처음이라는 당신의 말, 이런 사람은 처음이라는 당신의 말, 이런 감정은 처음이라는 당신의 말, 좋았던 순간마다 처음이라고 말해주는 당신의 거짓말로 배불렀다. 당신의 그런 거짓말에 나의 거짓말이 뒤를 잇는다. 나도 누군가를 이렇게 해준 적은 처음이라고, 당신 같은 사람은 처음이라고, 처음이라고, 처음이라고.

우리는 오늘도 서로의 거짓말로 배불렀다. 같이 바다를 보러 가자고, 어울리는 옷을 고르러 함께 쇼핑을 하자고, 같이 노트북을 들고 도서관엘 가자고, 같이 노래방엘 가서 듣기 좋은 노래들을 부르자고, 같이 아프리카도 가자고 멋진 동물을 실컷 만나고 오자고. 당신과 나는 지킬 수 없는 약속에 서로를 가두며 물렁물

렁한 감옥을 계속해서 증축한다. 지켜지는 약속은 많지 않다. 당신은 내가 지독하게 아프던 날, 친구들과 술을 먹느라 정신이 없었고, 그러곤 미안하다고 미안하다고 말했고, 어쩔 수 없었다고 말했고, 다음엔 안 그러겠다고 말했다. 그런 거짓말을 듣고 나는 당신에게 괜찮다고, 이해한다고, 그다지 아프지 않았다고 말했다. 그런 거짓말을 해주었다.

이 세상에 미안하다는 말이 생겨난 것은 사랑이 거짓말을 간절히 사랑했기 때문이다. 당신과 내가 서로 난사한 요망한 거짓말들이, 그러나 간절하기만 한 거짓말들이, 부러진 날개처럼 애처로워져 있을 때에, 미안하다는 말은 가장 완벽한 붕대가 되곤 한다. 미안하다는 말이 이 지상에 없었더라면 아마도 사랑한다는 말도 성립되지 않았으리라.

미안하지만 사랑한다는 말이, 사랑했지만 미안하다라는 말로 바뀌는 순간에, 우리는 요망하고 간절한 거짓말의 세계를 빠져나와, 거짓말조차 없는 헛헛한 세상 속으로 돌아가야 한다. 미안하다는 말에 고맙다는 뜻이 전혀 함축되지 않은, 진짜 미안하다는 그 말은, 거짓말을 더는 하고 싶지 않다는, 그러니까 우리가 구축

한 거짓말의 세계는 이미 끝이 났다는 뜻이다. 거짓말의 출생신고서이자 당신과 나의 사랑에 대한 사망신고서가 된다. 그래서 사랑은 무덤을 만들고, 그래서 사랑은 마지막 거짓말을 묘비처럼 세워둔다.

아고타 크리스토프의 『존재의 세 가지 거짓말』에서 쌍둥이 형제는, 사람들이 던지는 잔인한 말에 번번이 고통 받는다. 급기야 그들은 말로 받는 고통에 내성을 키움으로써 그 말들로 인한 고통을 이겨내려고 연습을 한다. 들었던 욕설에 익숙해질 때까지 마주 앉아 서로 험한 말을 주고받는다. 그러다, 정작 그들에게 고통을 주는 말은 어릴 적 엄마에게 들었으나 지금은 들을 수 없는 사랑한다는 말이었음을 깨닫는다. 사랑한다는 말이 그 자체로 아픔이 되는 것은 아니다. 이제는 그런 말을 아무도 해주지 않는다는 것이 아픔이 된다. 자존감이 땅에 떨어진 그들에겐 애틋한 추억 한 조각이 오히려 더 힘겨운 것이다. 그래서 그들은 사랑에 찬 말들 역시 지겹도록 주고받는다. 그 말에도 무감해질 때까지.

힐난의 말은 현재진행형일 때 더욱더 고통이고, 사랑 가득한 말은 과거완료형일 때 이루 말할 수 없이 고통이다. 들려오는 말은 모두 악담인데 덕담은 기억 속에서만 존재할 때, 이럴 때 우리는 가장 비참하다. 쌍둥이 형제가 마주 앉아 서로에게, 과거완료형이 되어버린 사랑 가득한 말들을 늘어놓는 행위는 동종요법 같은 것이다. 더 크고 깊은 고통을 기억해내는 것으로 지금의 고통을 잊고자 하는 것이다. 고통이란 언제나 그런 식으로밖에는 이겨낼 도리가 없다.

인간은 고통에 관한 한 무력하다. 나쁜 말은 육체에 새겨진 통점을 아주 쉽게 건드리고 상승작용을 한다. 육체에 내장된 통점은 나쁜 말에 순발력 있게 반응한다. 인간이 고통을 잊을 수 있다면, 그것은 고통을 망각하는 능력이 있기 때문이 아니라 고통의 숙주가 되었기 때문일 가능성이 크다. 잊기보다는 익숙해지기. 고통의 숙주가 되어간다는 것은, 통증의 수위만큼을 인내심으로 제방을 쌓아두는 행위이다. 인내심이라는 제방은 한꺼번에 무너져버리거나 혹은 서서히 균열이 간다. 결국 인내심은 거짓말의 또 다른 얼굴이었음을 뒤늦게 알게 된다. 언젠가는 그렇게 된다. 사랑 가득했던 과거완료형의 말들이 오히려 기억하기조차 끔찍한 거짓말과 같아지는 순간.

나는 어떤 사람일까. 당신은 어떤 사람인가. 내가 느끼는 당신과 당신이 느끼는 당신은 같은 사람인가. 당신 앞에 있는 나는 과연 나인가. 당신은 당신으로 내 앞에 있는가. 당신이 느끼는 당신과 내게 보여주는 당신은 같은 사람인가. 무엇이 실체이고 무엇이 허상인가. 어디까지가 거짓말인가. 당신이 누구든, 얼마나 못났든, 당신이 보여주고 싶어하는 당신을 나는 사랑한다. 나는 당신이 들려주는 말들을 사랑한다. 그게 거짓투성이여도 상관없다. 당신이 보여주고 싶어하는 당신을, 나는 당신이라고 부르려 한다. 당신이 들려주는 말들을 당신의 진심이라고 여기려 한다. 왜냐하면, 당신이 믿고 싶어하는 것을, 내가 함께 믿고 싶기 때문이다. 당신의 실체와 당신의 이상형 사이에서, 당신의 이상형에 당신이 기꺼이 기울 때를, 나는 사랑이라고 생각하기 때문이다. 그런 당신을 사랑하는 것이 내 몫이기 때문이다. 그렇다면 당신이 안 보여주고 싶어하는 당신의 실체는 어찌될 건가. 아무에게도 사랑받지 못하여 당신의 내부 어디에선가 불쌍히 쪼그려 흐느끼고 있는가. 그렇지는 않다. 당신의 실체와 나는 당신이라는 중개인 없이 꿈속에서 만난다. 꿈속에서 만나 서로 싸우고 악담하다 화해하고 함께 흐느껴 운다. 실은, 또 다른 내가 당신의 실체와 함께 내 꿈속에서 살고 있다. 더 리얼하게, 더 치명적이게, 어쩌면 더 굳건하게.

> 아직도 배우를 꿈꾸며 석 달에 한 번
> 닐 영이나 톰 웨이츠 등을 틀어놓고
> 혼자만의 긴 울음을 저작하는 일도
> 자주 하면 정말로 슬프다
>
> 강정, 「사실, 사랑은…」에서

# 쉬운 얼굴

 어느 가을에 강릉에 갔다. 대관령을 넘었고, 불타는 단풍을 구경했고, 안목 바다와 놀았고, 선교장을 거닐었다. 선교장 안채 앞에는 사각의 우물이 있었고, 우물 속에선 윤동주 시가 비쳤다.

 우물 속에는 달이 밝고 구름이 흐르고 하늘이 펼치고 파아란 바람이 불고 가을이 있습니다.
윤동주, 「자화상」에서

 윤동주가 우물 속을 가만히 들여다본 그때나 지금이나 구름이 흐르고, 하늘이 펼치고 파아란 바람이 불고, 가을이 있고 추억처럼 누군가가 있었다. 윤동주가 그랬던 것처럼, 나는 우물 속의 누군가가 어쩐지 미워져 돌아섰고, 돌아서다 생각하니 다시 가여워졌다. 우물 속에는 윤동주처럼, 미워졌다 가여워지고, 미워졌다 그리워지는 얼굴들이 어른거리며 검게 비쳤다. 그 우물 속에서 내 얼굴은 내 얼굴이 아니었다. 지난날의 어느 때에 지난날의 누군가와 함께 이곳에 찾아와 우물 속을 들여다보았던 얼굴들이 겹겹이, 켜켜이 쌓여 있었다. 과거의 모든 얼굴들이 지금 내 얼굴을 방해하고 있었다. 나이가 들어간다는 건, 추억이라는 모래주머니를 차고 걷는 지친 걸음과 같겠구나, 서늘한 우물 속에 얼굴을 밀어 넣고 생각했다.

우물 속을 들여다보고 있자니, 우물 밖에 가지런히 벗어놓은 신발도 보였고, 그 웅숭한 안쪽에 대고 비밀과 신음과 한숨을 숨겨두고 돌아선 발길들도 보였다. 첨벙첨벙도 있었고, 허우적허우적도 있었고, 숨이 끊기기 시작하는 까무룩까무룩도 있었다. 저벅저벅도, 뚜벅뚜벅도 있었다. 우물 속에는 인간의 얼굴이자 조금쯤 유령의 얼굴인, 반인반귀半人半鬼가 와글거리며 살고 있었다. 모두가 내 얼굴이었다. 우물 속에는 파란 하늘도 한 조각 띄워져 있었다. 그 한 조각의 하늘을 건져 올려, 마당에 널어두고 돌아섰다.

어느 가을엔 일산에서 출발해서 자유로의 북쪽 끝까지 자주 달려갔다. 한 시간쯤 직진해서 달리면, 쉽게 길 끝을 만날 수 있었다. 차를 돌려야만 했던 길의 끝. 그곳엔 유턴 지점이 있었다. 바리케이드가 있었고 군인들이 총을 메고 반듯하게 서열해 있었고, 어디 가는 길이냐고 검문을 하러 다가왔다. 유턴을 하면서

쉬운 얼굴

나는, 뒷모습을 바리케이드 앞에 세워두고 돌아서는 것 같았다. 그 뒷모습은 얼굴이었다. 진짜 얼굴인 양 감춰왔던 또 다른 얼굴. 그곳에 얼굴을 벗어두듯 두고 돌아서서, 다시 직진을 하여 집으로 돌아오곤 했다.

나는 추억의 비만증에 걸려 피둥피둥 살이 찐 얼굴로 그곳에 찾아갔다. 추억은 요물이었다. 살아가는 지금을 맨눈으로 보게 하질 않았다. 추억은 경험치라는 편견의 도수에 맞춰진 안경이었다. 물 흐르듯 자연스러울 나의 선택들을 막는, 트라우마로 직조된 장애물이었다. 추억은 번번이 고정관념이라는 굳은살로 새로운 사물들을 새롭지 않게 만지게 했다. 추억이라고는 하지만, 실은 처음을 기억하지 못하는 꿈과 다르지 않았다. 인과관계는 까맣게 잊힌 채로, 제멋대로 기억을 기억하는 몹쓸 것이었다.

새로운 사람도, 새로운 일도, 새로운 사물도, 새로운 얼굴도 미리 누런색으로 나는 채색을 하곤 했다. 그러고는 두려움 비슷한 갑옷을 미리 갖춰 입었다. 그때 내가 찾아간 자유로의 끝은 나를 버리고 돌아오는 연습장이었다. 버리고 돌아오는 길, 철새 떼가 허연 배를 드러낸 채 하늘을 가로지르며 유유히 날고 있었고, 쑥

부쟁이며 코스모스가 여린 얼굴을 고집 없이 바람에 맡기며 흔들리고 있었다.

이번 가을은 어디로 가보는 계절이 아니라 집으로 돌아가는 계절일 거다. 길고 열렬했던 여름이 한순간에 꺼져버릴 때 나는 여행 가방을 끌고 집으로 돌아갈 테니까. 몸은 까맣게 탔을 테고, 타악기처럼 마음은 텅 비었을 테고, 얼굴은 세상에서 가장 읽히기 쉬운 문장처럼 단순해져 있을 것이다. 가을이 시작될 무렵, 늦장마가 올 것이다. 빗방울처럼 맑은 얼굴을 하고서, 벼락처럼 호탕한 정전기를 바라보며, 빗방울에 흔들리는 식물처럼 순정한 모습으로, 나는 베란다에 앉아 더러워진 운동화를 빨고 있을 것이다. 지는 꽃잎처럼 쉬운 얼굴로, 목욕 중인 옆집 지붕처럼 쉬운 얼굴로, 비 오는 걸 지켜보며 베란다 문지방에 걸터앉아 빗물을 받아 운동화를 빨고 있을 것이다. 솔을 들고 벅벅 문지르는 쉬운 동작에 맞춰, 비는 타일 바닥에 타닥타닥 튕겨 발가락을 적실 것이다. 발가락처럼 쉬운 얼굴로, 지금 내가 듣고 있는 음악처럼 쉬운 얼굴로 잊었던 벗들의 목소리를 들으려고 전화기를 들 것이다.

쉬운 얼굴

　쉽게 전화를 걸고 쉽게 전화를 받고, 쉽게 한숨을 쉬고 쉽게 걱정을 하고, 쉽게 위로를 하고 쉽게 눈물이 난다고 말하는 오래된 벗처럼, 나는 쉬운 얼굴이 되었으면 한다. 쉽게 읽히는 글처럼 쉬운 얼굴이 되었으면 한다. 바라보는 것에도, 듣는 것에도, 입술을 떼는 것에도, 헤아림도 없고 헷갈림도 없고 헤맴도 없었으면 한다. 쉽게 불러내어 만날 수 있는 벗처럼, 쉽게 드는 잠처럼.

　행복 같은 게 저 멀리 있는 듯하여 부지런히 그쪽으로 달려가야 할 것 같은 피로함. 저쪽으로 달려가다 매번 넘어져버리는 삶. 넘어져, 흰 셔츠 호주머니에 고이 넣어둔 버찌, 양손 가득 소중하게 들고 있던 토마토가 뭉개져버리는. 이번 가을은 호주머니가 비어 있었으면 한다. 양손 모두 허전한 채로 비어 있었으면 한다. 달려갈 곳도 없이 그냥 텅 비었으면 한다.

　　흰 셔츠 윗주머니에
　　버찌를 가득 넣고
　　우리는 매일 넘어졌지

높이 던진 푸른 토마토

오후 다섯 시의 공중에서 붉게 익어

흘러내린다


우리는 너무 오래 생각했다

틀린 것을 말하기 위해

열쇠 잃은 흑단상자 속 어둠을 흔든다

진은영, 「우리는 매일매일」에서

# 쉼 보 르 스 카
### 비미非美의  비밀

  히말라야에 갔을 때였다. 지금보다 세상이 좀 더 녹록해 보이던 때였다. 세상에는 일말의 가능성이 새벽녘 희미한 빛처럼 푸르게 존재했고, 내 영혼에도 그 정도의 푸름이 있던 때였다. 길고 긴 밤엔 할 일이 없어 지루할 테니 두꺼운 책을 들고 가라는 누군가의 충고를 듣고서, 쉼보르스카의 시집을 배낭에 넣어 갔다. 밤마다 몇 편씩 읽었다. 몇 편 읽으면 스르르 잠이 왔다. 지루해서였다. 그녀의 시를 읽으며 나는 결핍감을 느꼈다. 아름다운 이미지와 매혹적인 시어가 부재했기 때문이다. 멋이 있지 않았다. 말맛의 쾌락도 잘 모르는, 고지식하고 답답한 한 시인의 목소리가 잔소리하는 교감 선생처럼 거드름을 피우며 배어 있었다.

  일행 중 몇몇은 안나푸르나 정상을 올라가다 말았다. 푼힐 전망대를 지나 촘롱 마을에서부터 나도 내려가기 시작했다. 저만치에 우람하게 서 있는 산봉우리가 거만해 보여 재미없었다. 저 거만한 어깨를 타고 그 정수리까지, 안간힘을 쓰고 굳이 올라가야 할 이유를 몰랐다. 거친 숨을 몰아쉬고 한 걸음 한 걸음 올려 디딜 때, 옴짝달싹하지 않고 오로지 우리가 그리로 다가가기만을 기다리는, 거만함 외엔 아무것도 없는 저 산이 더러는 한심해 보이기까지 했다. 하산하는 길엔 마음에 여유도 생겼다. 이 낯선 나라의 낯선 지형을 기분 좋게 음미할 만한 여유가 생기자, 히말라야가 좋아지기 시작했다. 천천히 놀면서, 까불면서, 쉬면서 내려왔다.

그때 우리가 나눈 농담의 주제는, 히말라야를 중도 포기하는 데에 따른 정당성을 밝히는 것이었다. 실패에 관해서 일종의 희열을 느꼈다. 실패에는 그럴 수밖에 없는 이유가 곳곳에 산재해 있었다. 쉼 없이 새로운 이유들이 발명되었고, 매우 다양했다. 그러나 성공해야 한다는 데에는 이유가 가지런했고, 불변했고, 단조로웠다. 우리는 다양한 근거를 거느린 실패의 미학성에 깊이 매료됐다.

쉼보르스카의 시집에도 「성공하지 못한 히말라야 원정에 대한 기록」이라는 시가 있었다. 모닥불을 앞에 두고 나는 이 시를 친구에게 읽어주었다. 히말라야 원정에 실패했기 때문에 쓰인 시 덕분에, 무언가에 실패했기 때문에 태어난 지상의 아름다운 예술 작품들에 대해 이야기를 나누었다. 그리고 집으로 돌아왔다. 배낭을 끌러 시집을 책꽂이에 다시 꽂고, 나는 쉼보르스카를 잊었다. 쉼보르스카는 그때까지만 해도 그게 다였다.

어느 날, 나도 모르게 일기에 이런 문장을 적게 됐다. 사실은 모든 시에는 가짜라는 이름을 붙일 수 있다. 나는 시의 진실됨에 대해 비관하는 사람에 속한다. 시의 미묘한 나약함에 대해서 어떤 때는 눈물겹고 어떤 때는 지겹고 어떤 때는 그게 진짜 가능성 같지만, 사실은 대체로 그게 참 치욕스럽다. 그 치욕이 내 발가락에서 발아하여 허벅지를 타고 허리를 감고 가슴을 스쳐 목덜미 즈음으로 스멀스멀 기어오르기 시작할 때에, 위의 문장을 무심코 적었다. 적어두고 보니 기시감이 들었다. 쉼보르스카의 시집을 펼쳐보았다. 사실상 모든 시에는 '순간'이라는 제목을 붙일 수 있다「사실상 모든 시에는」라는 문장을 발견했다. 어느 날은 새벽 네 시에 10cm의 〈새벽 네 시〉라는 노래를 들으며, 새벽 네 시의 가능성에 대하여 글을 쓰고 있었다. 새벽 네 시는, 하루가 얼마가 남았는지를 생각할 수 없는 곤란한 시간이지만, 하루가 시작되려면 얼마나 남았는지를 생각하게 되는 설레는 시간이다. 하루 24시간 중에 그나마 일말의 가능성이 있는 미묘한 시간인 것이다. 얼마나 남았는지와 일말의 가능성, 이것 역시도 쉼보르스카 시「선택의 가능성」에서 본 문장이었다.

다시, 쉼보르스카를 읽었다. 오후 네 시쯤 책상에 앉아서 읽기 시작하여 새벽 네 시까지 허리를 꼿꼿이 세운 채로, 단숨에 읽었다. 연필을 들고 얼마나 많은 밑줄을 그었는지 모른다. 페이지 귀퉁이를 얼마나 많이 접었는지 모른다. 그 히말라야에서 나는 대체 쉼보르스카의 무엇을 읽은 건지 이해되지 않았다. 아름다운 이미지와 매혹적인 시어에 대한 결핍감을 왜 느꼈는지, 내 자신이 이해되지 않았다. 지루한 논문에서나 나올 법한 어떤 단어들이, 아버지의 입술을 통해서나 들었을 법한 고루한 단어들이, 내가 좋아하던 시들에서는 도저히 볼 수 없었던 무미건조한 플롯들이 페이지마다 소신에 찬 어조 위에 얹어져 있었다. 처음 느꼈던 결핍감은 그 결핍을 아무렇지도 않게 드러내고야 마는 소신으로 다가왔다.

미적인 완성에 이르는 방법적 길은 비교적 간단하다. 안나푸르나 정상에 오르는 이유처럼 말이다. 비미적인 완성에 이르는 길은 너무나 다양하다. 비미를 향한 미적 태도는, 더 중요한 것을 위해 덜 중요한 것을 용감하게 선택하지 않는 것이다. 나는 쉼보르스카에게서 이 사실을 실감했다. 비미적인 세계로 가는 미학의 길이 열 손가락처럼 펼쳐진 듯했다. 아직도 가보지 못한 머나먼 나라의 시골 마을처럼, 가보지 않음과 가봄 사이에서 이미 매료되고 채워지는, 미지의 오솔길처럼 열 갈래로 펼쳐진 듯했다.

> 서로에게 이미 신물 나게 아름다운 우리들,
> 조그만 잎사귀로 눈꺼풀만 가린 채
> 깊고 깊은 어둠 속에 함께 누웠다.
> 비스와바 쉼보르스카, 「공개」에서

쉼보르스카의 비미의 비밀은, 아름다워서 아름답기만 하여서 무력해 보이는 내 시의 함정을 똑바로 보게 했다. 비미의 비밀을 향한 길은 이미 쉼보르스카가 저만치에서 가고 있었지만, 너무 많은 새로운 길이 눈앞에 있었다. 반갑고 기뻤다. 그 길을 처음 본 건, 시집을 덮고 한 시간가량이 흐른 새벽 다섯 시쯤이었다. 창밖에는 푸른 빛이 하늘의 밑바닥에서부터 번져 올랐다. 도시 한가운데를 가로지르며, 기다란 철새 떼의 행렬이 마침 우리

집 지붕을 지나 저쪽을 향해 날아가고 있었다. 나의 육체에도 푸른 빛이 점등되고 있었다. 물속에 풀려나가는 푸른 잉크 한 방울처럼, 푸른 멍 하나가 온몸에 번져갔다. 나는 푸른 멍이 든, 불길한 사람이 되어갔다.

"어떻게 살아야 할까요?" 누군가 내게 편지로 물었다.
이것은 내가 다른 이들에게 묻고 싶었던
바로 그 질문이었다.

또다시, 늘 그래왔던 것처럼,
앞에서 내내 말했듯이,
이 순진하기 짝이 없는 질문보다
더 절박한 질문은 없다.

비스와바 쉼보르스카, 「20세기의 마지막 문턱에서」에서

성공

성공하고 싶은 욕망은 복수하고 싶은 욕망을 기초로 한다.

# 스무 살에게
## 검은 멍과 검은 곰팡이와 검은 조약돌

로캉탱[1]도 모든 희망을 잃었고 너무나 외롭다는 것을 알았을 때, 열아홉의 그녀는 겨우 스스로를 용서했다. 로캉탱이 희망 없이도 살아갈 수 있다는 결정을 하는 듯했을 때, 그녀도 살 수 있을 거라고 생각했다. 희망을 주지 않는다는 점 때문에 그녀는 희망을 얻었다.

열아홉 살 그녀는 좀 더 성숙한 개인은 깨끗한 희망 한 점을 제시할 수 있어야 한다고 믿었을지도 모른다. 그녀가 바라보던 삶과는 조금 다른 층위의, 나름의 고결한 삶이라는 게 가능하다고 믿었을지도 모른다. 조금 다른 층위로 애써 옮겨가서, 징검다리처럼 편재하는 희망들을 골라 디디며, 급류에 휩쓸리지 않고 살아갈 수 있다는 희망이 있었을지도 모른다. 열아홉 살은 희망 따위를 믿는 마지막 나이다. 진정으로 유유할 수 있는 나이가 스무 살일 거라는 희망을 주먹 안에 꼭 쥐고 있을 나이가 열아홉이다. 자신이 살아온 찌질한 일상과는 확연히 다른, 더러는 자신감에 차오르고 더러는 겸손해지기조차 할 수 있는, 진정으로 키가 크

---

[1] 장 폴 사르트르의 소설 『구토』의 주인공.

는, 진정으로 세상의 가장자리에서부터 중심까지를 날렵하게 가로지르는 튼튼한 날개가 어깻죽지에서 돋아날 수 있는. 그래서 절망과 설렘 사이에서 쉼 없이 멀미를 하는 나이.

스무 살이 되었다. 멀미는 멎지 않았고 만연됐다. 로캉탱이 조약돌을 통해 구토를 일으켰듯이, 바다나 갈매기 같은 것에서 구토를 일으켰듯이, 그녀는 스무 살이 되고서야 모든 것에 구토를 일으키게 됐다. 멀미로 인한 구토가 신체에 뿌리를 내리고 정착하자, 그녀는 괜찮아졌다. 멀미는 멎지 않았지만 멀미 자체가 괜찮아졌다.

> 우리는 그것을 아주 간단하고 안심할 수 있는 것이라고 믿을 수 있었고 세상에는 진짜 청색, 진짜 분홍색, 진짜 편도나 오랑캐꽃 냄새가 있다고 믿을 수가 있었다. 그러나 이런 것들을 잠시나마 붙잡아놓으면, 이 평안과 안전의 느낌은 심각한 불안에 자리를 양보한다. 빛깔, 맛, 냄새 들은 절대로 진짜가 아니었다. 절대로 단순히 그것들 자체, 오로지 그것들 자체가 아니었으며, 가장 단순한 특징, 가장 불가분의 특징은 그것 자체 속에서 그것 자체와의 관

계에서 여분의 존재를 가지고 있다. 그 검정, 저기 나의 발밑에 있는 그 검정빛, 그것은 검게 보이지 않았다. 차라리 검정색을 여태까지 한 번도 보지 않은 사람이 검정이란 무엇인가를 상상하는, 그리고 자기의 상상을 멈추지 못하고 색채의 범위를 넘어서 무엇인지 알 수 없는 것을 생각하는, 그러한 혼란스러운 노력이었다.
사르트르, 『구토』에서

검정을 더 이상 검정이라고 말할 수 없다는 것을 순순히 받아들인 자의 구토는 더 이상 구토가 아니라, 빡빡한 일상에서 찾아내는 일종의 휴식 같은 것이 되었다. 그 휴식을 그녀는 잠깐의 죽음이라 여기기로 했다. 심각한 불안을 그녀는 안식으로 받아들이기로 했다. 말로 행해질 수 없을 뿐만 아니라 그 어떤 인식으로도 해결 불가능한 모든 부조리들을 여백처럼 남겨두기 시작하자, 그녀는 잘 모르겠음을, 잘 모를 수밖에 없음을 잘 알게 되었다. 혼란스러운 노력이자, 평화로운 패배였다.

스물두 살이 되었을 때, 그녀는 하루에 세 장씩 『구토』를 다시 읽었다. 식후 세 번 복용해야 하는 약처럼, 하루 세 장씩을 읽고서 잠이 들 때, 그녀는 악몽을 꾸지 않을 수 없었다. 그녀의 악몽은 세포분열을 일으키며 개체의 수를 불리는, 끔찍하리만치 생명력이 강한 미생물과 같았다. 그녀는 그것을 곰팡이라고 불렀다. 자신의 희망에 온기가 생기고 습기가 생길 때에 번번이 악몽이 찾아왔기 때문이었다.

> 의식은 졸고, 갑갑해하고 있다. 위태위태한 작은 존재들이 나뭇가지에 모이는 새들처럼 의식을 모아놓는다. 의식을 모아놓았다가는 다시 분산시킨다. 벽 틈에 망각된 의식, 하늘 아래에 버림받은 의식이다. 그러나 이것이 그 의식의 존재 의의인 것이다. 왜냐하면 의식은 여분인 의식이기 때문이다. 의식은 희박해지고, 분산하고, 가로등에 연한 갈색의 벽 곁에서, 또는 저기 저 저녁 연기 속에서 없어지려고 애쓰고 있다. 그러나 의식은 '절대로' 자기를 망각하지 않는다. 의식은 자기를 망각하려는 의식이기 때문이다. 이것이 의식의 운명이다.
>
> <u>사르트르, 『구토』</u>에서

그녀는 그때 창문 없는 방에서 살았다. 창문 바깥에서 어떤 일이 일어나는지 알 수 없었다. 해가 뜨는지 지는지, 전혀 알 수가 없었다. 그래서 그녀는 악몽을 사각형으로 잘라내어, 창문이 있었으면 좋겠다고 생각한 한쪽 벽에 걸어두었다. 작은 이정표가 생겼다. 버림받은 의식 한 자락을 뗏목처럼 타고서 방 안을 표류하던 나날들에 일어난 작은 기적이었다. 비록 악몽으로 된 투과 불가능의 창문이었지만, 그것은 자그마한 무인도와 같았다. 저녁밥을 짓느라 저녁연기를 피워 올리는, 저만치의 오두막집과 같았다. 그것은 디스토피아의 내용을 지닌 하나의 유토피아였다. 아니, 유토피아의 내용을 지닌 하나의 디스토피아였다. 그런 곳에 서라면 우아한 식사보다 구질구질한 구토가 더 어울렸다. 악몽은 악몽을 망각하려는 악몽이었고, 그것은 악몽이 선사하는 선의였다.

나는, 기대할 것이 없는 삶을 사는 사람이었다. 기대를 기대하지 않았다. 기대를 없애기 위해서 노력 같은 걸 해본 기억은 없다. 기대를 갖기 위해서 노력하지 않았을 뿐이다. 기대가 내게는 없을 뿐이었다. 그래서 나는 그녀처럼 구토를 하지도, 악몽을 꾸지도, 절망에 빠지지도 않았다. 그러나 나는 그녀를 알고 나서부터 기대를 기대하게 되었다. 기대를 품게 되기를 기대하게 되었다. 어떤 동화 속 여자아이는 말을 할 때마다 입에서 두꺼비가 나오는 선물을 받았다지만, 그녀가 구토를 할 때마다 다듬어지지 않은 보석 알갱이들이 한가득, 토사물 속에 묻어 나오곤 했다.

나는 그녀의 울렁거림과 악몽을, 그녀의 고독이라고 생각한다. 지난날들의 고독이자, 미래의 나날들에 대한 고독들. 지독할 것이고 험악할 것이 분명한 고독들.

나는 고독 없는 삶을 사는 사람이었다. 고독을 고독해하지 않았다. 고독을 없애기 위해서 노력 같은 걸 해본 기억도 없고, 고독을 갖기 위해서 노력해본 적도 없다. 허름한 어떤 고독이 내게 있었을 뿐이다. 그래서 그녀처럼 구토를 하지도, 악몽을 꾸지도, 절망에 빠지지도 않았다. 지금, 그녀의 구토와 악몽과 절망이, 나의 허름한 고독에 곰팡이처럼 피어난다. 이 곰팡이들을 검은 멍이라고 부르려다가, 검은 조약돌이라고 부르려 한다. 조약돌을 오른쪽 주먹 안에 품는다. 그러고선 찌질했고 섬약했던 나의 열아홉 살로 넘어간다. 그녀가 두고 온 열아홉과 만난다. 어딘가 저 홀로 영원히 그러할, 열아홉의 고독 옆에 나의 고독을 두기 위해서.

만약 언젠가
돌 하나가 너에게 미소 짓는 것을 본다면,

그것을 알리러 가겠니?
기유빅, 「만약 언젠가」

# Struggle

 열두 살 즈음이었을 거다. 남몰래 국어사전을 펴 들고 사랑이라는 말을 찾아보았다. 그 말이 무얼 뜻하는지 도무지 알 수가 없어서였다. 아버지가 물려주신 포켓 국어사전에는 중히 여기어 아끼는 마음이라고 적혀 있었다. 중히의 무게감과 아껴의 애틋함을, 들여다보고 또 들여다보며 몇 시간을 앉아 있었다.

 스물두 살 때였다. 어린 날 앞마당에 펄럭이던 빨래들처럼 굵은 페인트 붓으로 갈겨 쓴 대자보를 뚫고, 대학 도서관으로 저벅저벅 들어가서, 투쟁이라는 말을 국어대사전에서 뒤졌다. ① 목적을 이루기 위해 위험을 무릅쓰고 활동하는 것 ② 상대편을 이기려고 싸우는 것이라 적혀 있었다. 싸움 투, 다툴 쟁. 그 풀이는 장차 시인이 될 어느 청춘에게는 너무 거칠었다. 다시 한영사전, 영영사전, 영한사전을 꺼내놓고, 투쟁을 영어로는 무엇이라 표기하는지를 찾아봤다. conflict 혹은 struggle, 두 개의 낱말을 만났다. conflict에는 갈등과 충돌이라는 상(호)충(돌)의 의미가 바탕에 깔려 있었고, struggle이라는 말에는 안간힘을 쓰는 상태라는 의미가 바탕에 깔려 있었다. 나는 struggle에다 밑줄을 긋고 페이지 귀퉁이를 접었다.

struggle : 투쟁하다, 고투하다, 몸부림치다, 허우적거리다, 힘겹게 나아가다, 나쁜 결과를 막기 위해 싸우다, ~에게서 벗어나려고 발버둥을 치다, 힘이 들다.

부조리한 상황에 대하여 지치지 않고 안간힘을 쓰는, 고귀한 삶에의 의지. 여기엔 포기하지 않는다는 억척스러움이, 꼿꼿하고 굳세지만은 않다는 인간다움이, 낑낑대는 듯한 근근함이 포함돼 있었다. 피 냄새는 조금 덜했지만, 살 냄새가 났고, 땀 냄새가 났다.

투쟁이라는 건 반드시 패기와 결기로 똘똘 뭉친 지사의 행동 양식만을 뜻하진 않는다. 몸부림치고 허우적거릴 뿐인 패자의 눈물 나는 행동 양식도 투쟁이다. 왜 공부를 해야 하냐고 연필을 집어 던지는 책상머리에서의 십 대도 투쟁 중인 거고, 세상에 되는 일 하나 없다며 절망에 찬 보고서를 촘촘하게 적는 이십 대의 일기장도, 비정규직을 자처하며 하고 싶은 일만 골라 하는 삼십 대의 통장 잔고 제로 상태도, 포장마차에서 4인분 족발을 쌓아놓고 홀로 소주잔을 움켜쥔 사십 대의 고독도, 사표를 내던지

곧 자그마한 구멍가게를 꿈꾸며 창업 교육 센터를 찾는 오십 대의 용기도, 인문학이 뭐냐며 퇴근길에 도서관의 무료 강좌를 찾아가는 육십 대의 발걸음도 투쟁이다.

공짜 자전거를 주겠다는 유혹을 거절하며 신문 구독을 끊는 것도 내겐 투쟁이었고, 감옥에서 쉽사리 풀려 나오는 사람이 경영하는 대기업의 제품을 일부러 사지 않는 것도, 대형 마트보다는 골목의 구멍가게에서 장을 보는 것도, 차를 팔고 낑낑대며 자전거를 타고 다니느라 핸드백을 버리고 배낭을 선택한 것도 나에겐 투쟁이었다. 관객 없는 진지한 영화에, 주목받은 적 없는 먼지 쌓인 서적에, 텔레비전에 얼굴 비칠 일 없는 가수의 앨범에, 진지한 고전보다 천박하고 조야하고 거침없는 새 문화에, 잘되기를 바라마지 않는 마음으로 투자를 하고자 지갑을 여는 것도 내겐 투쟁이었다.

빨리 걷는 출근길 인파 속에서 슬리퍼를 찍찍 끌며 걷는 걸음도 투쟁이고, 남들이 땅 보는 법을 공부할 때 하늘의 별자리 보는 법을 공부하는 것도 투쟁이고, 모두가 식도락을 즐길 때 소박한 풀밭 밥상에 만족하는 것도 투쟁이고, 금전출납부를 쓸 시간에 음악을 듣는 것도 투쟁이고, 궁리를 할 시간에 몽상을 하는 것도 투쟁이고, 판단을 할 시간에 사색을 하는 것도 투쟁이다.

우리는 알고 있다. 봄날에 내렸던 어이없는 폭설도 극렬한 투쟁임을, 아스팔트의 균열 사이를 비집고 나온 잡풀도 투쟁하는 중임을. 엉뚱한 행동, 기괴한 상상력, 불편한 공간, 까칠한 성격 등도 실은 투쟁의 산물이다. 우울하고 슬프며, 서럽고 괴로워 흐물대는 우리의 실상도 실은 투쟁의 산물이다. 이 기괴한 모습을 지닌 텍스트, 이 우울한 모습으로 무장된 사람을 극구 옹호하는 것도 우리에겐 투쟁의 일부다. 여기엔 싸우고 이겨서 쟁취해 낼 거란 의지 따위는 없다. 낙오를 각오한다는 의지 또한 없다. 있는 것이라고는, 이렇게밖에는 할 수 없다는 천성과 이렇게 해야만 내가 조금은 행복해진다는 진심이 있을 뿐이다. 내팽개쳐진, 인간의 천성과 인간의 진심을 사모하기 위해 삶을 낭비해도 괜찮다는, 투쟁이 있을 뿐이다.

간밤에 중히 여기어 아끼는 마음을 애써 표현하려 허우적거렸던 한 사람이 있다고 치자. 그 사랑의 마음을 표현하려 했지만 도무지 자신의 사랑이 분열 속을 헤매고 있다는 사실에 한숨을 쉬었다 하자. 사전에는 적혀 있지 않은 온갖 지저분한 감정이 밤새 마음을 갉아먹었다고 치자. 감정의 실핏줄 같은 균열 하나도 깊디깊은 낭떠러지 같았다고 하자. 그래서 사랑을 표현하는 것이 죽을 만큼이나 두려웠다고 하자. 그리하여 마침내 눈물을 흘리며 스스로를 향해 화를 냈다고 하자. 그 사람은 지금 어디에 있을까. 허우적거렸고, 분열했고, 두려웠고, 그래서 울었던 한 사람은 지금 어디에 있을까. 그 사람은 밤새 자기 자신과 투쟁했고, 그리고 그게 다였다. 달라진 것은 없었다. 그러나 그 사람은 정말 그대로였을까. 어쩌면 살 냄새, 땀 냄새, 눈물 냄새를 풍기며, 이전에 있던 자리와는 다른 곳을 향해 환형동물처럼 조금씩 이동을 하지는 않았을까.

당신은 그 여자를 알고 있었는가? 떨림이나 울음 같은 것을 말하는 것은 아니다

그 여자의 보이지 않는 둘레 안에 누군가 들어왔다 나갔다 하는 것을 둥그런 무늬가 일그러지거나 또 다른 고리를 만드는 것을 만약 당신이 선택하는 자라면 옆에 있거나 떠나거나 둘 중에 하

나이다 그러나 당신은 그 여자를 알고 있었는가?
 그 여자는 울거나 웃었거나가 아니라 다른 쪽을 향해 조금씩 움직였다는 것을
　하재연, 「이동」

시 야

 그는 개인전을 준비해야 했다. 조각가들이 주로 사용해온 소재들에 그는 회의하고 있었다. 청동처럼 너무 무겁고 비싼 소재는 가난한 그에겐 부담스러웠다. 속이 꽉 차지 않고 비어 있는, 그래서 가벼운, 그러면서도 거대한 부피감을 표현할 수 있는 소재를 찾던 그는, 고심하며 인도의 바닷가를 산책하던 중에 그물을 짜는 어부들을 목격한다. 어부들과 협업하여 커다란 그물을 공중에다 연처럼 띄워 작품을 완성한다. 그물은 그의 작품으로 변신해 공중에 설치되었고, 공중에서 바람을 받아들여 스스로 움직였다. 첨단의 과학기술을 통해서나 가능했던, 작동하는 설치미술이 탄생하는 순간이었다. 바람에 순응하는 이 움직임은 그 어떤 테크놀로지에 의한 움직임보다 유려했다. 이 움직임 때문에, 그의 작품은 친자연적이면서 동시에 첨단인 미술 작품이 됐다.

 그는 이후, 바람과 염분으로부터 오랜 세월을 견뎌낼 지속 가능한 신소재를 개발한다. 그물코의 원리와 전통 레이스의 원리를 접합해서 디테일의 아름다움까지 업그레이드한다. 물처럼 부드럽게 형태를 바꾸며 살아 움직이는 작품이 된 그의 그물은, 그렇게 해서 마드리드를 비롯한 도심 곳곳에 설치된다. 1,000평이 넘는 규모의 대형 구조물들이 교차로와 광장과 공원에서 신비롭게 날고 있다. 그는 서로 모순되는 개념을 추구했다. 거대하면서도 가벼운, 부드러우면서도 질긴. 화려한 디테일이되 단순한, 새롭되 낯익은. 테크놀로직하되 예스러운. 모순을 추구하자, 그는 전혀 새로운 조형물을 발명하게 되었다. 어떻게든 자신의 예술 철학을 담아보려 노력했던 가난한 예술가 자넷 에힐만의 이야기다.

자넷은 자기 한계와 자기의 상상력을 함께 감당해줄 재료를 찾아가는 작업 과정을 시야가 넓어졌다는 감회로 표현했다. 전혀 새로운 창조는 대개 주어진 한계를 적극적으로 껴안고 활용한 흔적이 그 배경에 있다. 그 한계점이 곧 예술가의 시야가 넓어지는 순간임을 그는 경험한 것이다.

누구에게나 자기 한계는 주어져 있다. 이것에 주목하여 관심을 갖게 되는 것을 '시선attention'이라고 한다면, 자기 한계를 기회로 받아들여 입장을 갖추기 시작하는 지점을 '시점viewpoint'이라고 할 수 있다. 그리고 '시야vision'라는 것은 시선과 시점이 새로운 작용을 낳는 능력이다. 시선은 관심으로, 시점은 입장으로, 시야는 실천으로 이어진다. 새로운 시선을 통해서는 나를 다시 보

시야

고, 새로운 시점을 통해서는 당신을 다시 보고, 새로운 시야를 통해서는 세상을 다시 본다.

내가 누구인지, 당신이 누구인지는 너무 자주 새롭게 들려주어 지루할 지경인데, 이 세상이 어떤 곳인지 새롭게 들려주는 예술 작품은 요즘 너무 희귀하다. 우리는 새로운 시선과 새로운 시점을 지닌 작품이 무수히 쏟아지는, 예술가와 예술 작품의 홍수 시대에 살고 있다. 그럼에도 새로운 작품에 대한 우리의 갈증이 여전한 것은 우리의 시야를 넓혀줄 작품은 부족하기 때문이다.

나는 시를 쓰는 사람이라서, 늘 이런 고민을 한다. 음악처럼 휴지休止를 기호적으로 가질 수도 없고 영화처럼 음악을 배경에 깔면서 운치를 보탤 수도 없는, 모든 걸 언어로만 해결해야 하는 참 가난한 시의 형식에 대한 고민. 이 가난한 형식을 육체로 알아 거북이처럼 등에 업고 어떻게 하면 다른 시야를 제시하는 문장을 쓸지에 대한 고민. 형식의 한계를, 무시하는 게 아니라 짊어지려 할 때에 새로운 시야를 얻을 수 있다. 마치 경사지에 나와 앉은 것처럼.

오늘 우리는 야외로 나와, 길고 널찍한 경사지에 선다.
검은 옷을 입은 사람도 있다. 햇빛 속에 서서 눈을 감으면,
서서히 앞으로 밀려가는 느낌을 가지리라.

나는 좀처럼 바다로 내려오지 않지만, 오늘 이곳
평화로운 등을 가진 큼직한 돌들과 자리를 함께 한다.
돌들은 바다로부터 한 걸음 한 걸음 뒷걸음질쳐 여기에 와 있다.

토마스 트란스트뢰메르, 「느린 음악」에서

| | |
|---|---|
| 시 | 인으로 산다는 것 |
| 식 | 물원의 문장 |
| 신 | 해욱 |
| 실 | 루엣 |
| 심 | 보선 |
| 씨 | 앗을 심던 날 |
| 씩 | 씩하게 |

## 시인으로 산다는 것
### 갈매나무를 생각함

> 시는 비록 작은 기예지만
> 마땅한 곳에 쓰면 근심을 잊고 가난을 잊으며 명리를 잊고 시비를 잊게 한다.
>
> 김창흡, 「송상유에게 주다(與宋相維)」에서

중학교에 찾아가 특강을 한 적이 있다. 남몰래 문학을 열망했던 비루한 청소년기에 대해 실컷 떠들고 나자, 학생들의 삐딱한 질문들이 이어졌다. 마지막 질문은, 시인이 된 것을 살면서 후회해본 적은 없느냐였다. 잠시 나를 돌아보며 생각에 잠겼고, 이내 대답했다. 없어요. 미리 준비한 내용으로 강연을 할 때엔 한 번도 나오지 않던 탄성이 쏟아졌다. 박수소리까지 들려왔다. 처음엔 놀리는 줄 알았지만, 후회하지 않는다는 말이 아이들에게는 된통 멋져 보이는 대답이었던 것이다. 나는 설명을 좀 덧붙여야 했다. 공부도 못했고 사회성도 현저히 부족했지만, 세상에 대한 나의 모호한 갈망들을 표현하고 싶어했던 청소년기를. 다룰 줄 아는 악기가 있는 것도 아니었고 노래 또한 못했고, 그림도 못 그리던 내가 유일하게 잘하는 건 친구들에게 편지를 쓰는 것과 책을 읽는 것이었단 사실을. 그러니까 시인이나마 되지 않았더라면, 삶에 대한 아무런 구심점 없는 지극히도 무능한 개인으로 살아가고 있었을 것이란 명백한 사실을. 그러니 후회는 불가능했다는 사실을.

조금이라도 남다른 능력을 지닌 여느 사람들과 달리, 내게는 그저 시밖에 없었다. 가능한 선택지가 한 가지밖에 없었다는 것은 불행이기도 하지만, 그 불행이 내게는 다행이기도 했다.

줄곧 변두리에서 살아온 나는 변두리인의 정체성을 탐구하는 것을 귀중한 업무로 여겼다. 변두리에서 서식하는 존재들의 가치를 밝히는 데에 하루하루를 썼다. 변두리로 밀려난 생이었지만, 변두리에는 나처럼 밀려난 생들의 주옥같은 진실들이 포진해 있음을 알게 되어 눈물겨웠다. 어떻게 하면 이 아름다운 실체를 나의 언어로 풀어낼 수 있을지 고민하는 일은 자연스러운 것이 되었다. 변두리인으로서, 변두리의 것들을 자긍심 있게 돌보는 데에 시만 한 것이 없었다. 시를 쓰기 시작하면서부터 나는 변두리로 밀려난 자가 아니라 변두리를 선택한 자가 되어갔다. 변두리인으로서 변두리를 돌보면서 변두리인들과 연대하는 일에 나름의 윤리도 알게 됐다. 연대하되, 연대를 하지 않는 독자적 변두리 인을 천대하지 않을 것, 그래서 연대감이 이익집단의 이익 추구의 논리가 되어서는 안 될 것, 경쟁해서 남과 싸우거나 남을 이기려 하지 않을 것. 이 윤리에 가장 어울리는 일은 시밖에 없었다. 죄 짓지 않고 사는 일은 아무리 생각해도 시를 쓰며 사는 일밖에는 없다고 생각했다. 시는 경쟁하지 않고 이익을 추구하지 않고 홀로 제 갈 길을 가는 자들의 몫이므로, 나에겐 시가 무엇보다 옳게 보였다. 많은 시집을 읽었고, 내가 생각했던 아름다운 윤리를 아름다운 언어로 말해주는 그 세계에서 살았다. 그러다 어느덧 나도 모르게 시인이 되어 있었다.

두 번 정도 상근자가 되는 특혜를 누려본 적이 있다. 한 번은 출판사에, 한 번은 작가 단체에. 출판사에서는 한 달을, 작가 단체에서는 석 달을 버티다 쫓겨났다. 작가 단체가 출판사보다는 관용이 있는 편이어서 그나마 석 달이었다. 자주 생계의 마지노선에 내몰렸고, 그때마다 구세주인 듯한 혹은 영혼을 팔라는 악마의 속삭임인 듯한 제안이 있어서, 유명 인사의 자서전을 대필

하거나 유명한 영화를 소설로 써주고서 받은 원고료로 생계의 위기를 모면하곤 했다. 방송국에 글을 납품한 적도 있고, 대학에서 시간강사 노릇도 꽤 오랫동안 해왔다. 도서관 등의 공공기관에서 시민들에게 시와 관련된 것을 가르치는 강사 노릇도 꽤 많이 해왔다. 이 모든 것은 무능한 개인이자 변두리인에게는 최상의 일자리였다. 선생님이라 불리면서 근근하지만 즐겁게 살 수 있었다. 노부모를 부양하는 일까지를 하면서 살 수 있게 됐다.

근근함을 이어가는 데에는 나름의 비법이 필요했다. 지금 내가 선택하는 것은 내가 선택할 수 있는 최악의 선택이 아니라 최선의 선택이라고 우겨 말하기, 내가 원하는 삶은 저 멀리 외딴 곳에 있지 않고 지금 내가 살고 있는 이 범주 안에 있다고 자기 세뇌하기 등등. 이런 비법을 거치자, 어느덧 나도 모르게, 나는 저렴한 인생을 살 수 있게 되었다.

한번은 기나긴 일정을 잡고 인도로 여행을 떠나겠다고 하자, 선배가 맛있는 것을 사주겠다며 불러냈다. 내가 못 먹고 다닐까봐 고영양식을 한 끼 먹이고자 했던 선배에게 나는 떡볶이가 먹고 싶다고 말했고, 이 저렴한 인생 같으니라고! 하며 선배는 농담처럼 혼을 냈다. 먹고 싶은 것이라 하면 그런 종류가 떠오르도록 나는 언제부턴가 프로그래밍이 되어 있었다. 값비싸고 질 좋은 음식은 머릿속에 떠오르지 않도록 장치되어 있었다. 선배의 권유로 그때 장어 집에 가서 장어를 먹고 엄청난 배탈에 시달렸다. 배탈이 심해 한의원에 찾아가니 내 체질은 고영양식이 맞지 않다는 진단을 받았다. 한의원을 나오면서 나는 뼛속까지 저렴한 인생이구나 생각했고 안도했다.

25년 동안 네 번 정도 구둣방에서 수선을 거친 구두를 해마다 겨울이면 꺼내 신는다는 사실, 인도 여행 중에 생긴 10루피짜리 목걸이를 주술처럼 늘상 착용한다는 사실, 한 가지 헤어스타일을 천년만년 트레이드마크로 삼는다는 사실, 김밥과 비빔밥과 소면이 소울 푸드라는 사실, 사이다 한 잔이면 그 어떤 술자리에서도 술은 입에 대지도 않고 밤새 노닥거릴 수 있다는 사실, 공책 한 권에 축하를 얹어 선물로 건넬 수 있다는 사실, 내 친구들은 이런 선물을 더 뿌듯하게 받아준다는 사실, 재활용 마켓에서 내게 어울리는 물건들을 재주 있게 골라낸다는 사실. 모두 저렴한 인생에서 시작된 나만의 커다란 자랑거리이자 나를 이루는 자존감에 가깝다. 입성과 먹성을 포함한 생활방식이 자기과시의 일부이자 자기 정체성의 일부가 되어버린 지금, 나의 저렴한 입성과 먹성이 나를 대변하는 것에 은근한 자부심을 갖고 있다.

  나에게 시를 배우는, 시인이 되고자 하는 사람이 물었다. 시인으로 살아간다는 것이 경제적 사회적으로 가능한 일인지요. 어린 후배들에게도 자주 받는 질문이다. 그럴 때마다 나는 대답을 한다. 비경제적 비사회적으로 가능한 일입니다. 적어도 내게는 (무수한 시인들 중에서 그나마 혜택을 많이 받은 경우이긴 하지만) 가감 없이 가능한 일이다. 가능할뿐더러, 최소한의 자본 논리로 살아가는 사람이라는 사실은 덤으로 높은 자존감까지 준다. 경제적 사회적 무능에 대한 비참보다 더 큰 비참이 우리에겐 있다. 우리들의 삶은, 삶의 규율들은 어째서 이토록 허약하고 허위인가. 인간이라면 과연 이런 정면과 배면에 대하여 어떤 응전력이 있어야 하는가. 허기에 찬 나의 영혼과 끊임없이 세상 끝의 가능성에 저 혼자 가닿곤 하는 나의 심연은 어떻게 돌보아야 하는가 등등. 시인으로 산다는 비참은 방식이 좀 다르다. 먹고사는 게 비참해서 더 큰 비참을 외면하는 삶이 아니라, 더 큰 비참의 참담함 때문에 먹고사는 비참을 외면하게 되는 삶.

    그러고도 웃을 수 있을까
    양버즘나무가 누추한 옷을 벗고 다시 입고
    눈은 쌓이고 비는 지나가고
    구름 사이로 숨은 비참한 태양은 붉은
    강물의 자맥질을 시인하고
    서러운 똥물 답답한 죽음
    언덕 위에서 우리는 키스 없이 헤어졌다
    각자의 없는 삶을 향해 걸었지
    전철역의 입구에서 우리는 헤어졌다
    각자 빗속에서 처참했다
    해가 지다
    해가 뜨다
    아 저 개 좋다

## 나보다 비싸겠다
이준규, 「세월」에서

 물론, 생활의 비참이 영혼의 비참과 닿아 있다는 걸 안다. 그래서 실은 대부분의 우리들은 비참하다. 그러나 조금 위험하게 말하자면, 생활의 비참과 영혼의 비참의 연관 고리를 끊어내기 위해서, 그 연관 고리를 끊어냄으로써 생활의 비참에 영혼만큼은 물들지 않기 위해서, 자본 논리를 벗어나 다른 층위에서 삶을 바라보기 위해서, 최소한 노예는 되지 않기 위해서, 우리 모두에게는 시가 필요한지도 모른다. 시가 단순히 항우울 치료제로 작용해도 좋고, 누군가와 소통하여 숨통을 트이게 하는 구실이 되어도 좋고, 나쁜 체제에 길들여지지 않기 위한 저항의 수단이 되어도 좋고, 좋은 세상을 만들기 위한 무력하지만 아름다운 무기여도 좋고, 자기 영혼을 구제해주기 위한 기도의 방편이어도 좋고, 유희의 차원에서 행해지는 놀이여도 좋고, 더러운 시대를 똑바로 기록해두는 고발의 형식이어도 좋다. 시가 그렇기 때문에, 시인에게만 시가 필요한 게 아니라 비참하고 우울하여 도무지 못 살겠는 모든 이에게 시가 필요하다. 혼자서 자기만의 공책에 써놓는 시도 좋고, 어딘가에 있을 동지에게 가닿기 위해 지면에 발표되어도 좋다.

시집이 안 팔린다, 시가 안 읽힌다, 시의 멸종이 다가왔다 등등 여러 풍문이 들려온다. 내가 처음 시를 습작하던 1990년대부터 들려왔던 풍문들이다. 1990년대 초에는 '시의 시대는 갔는가' 같은 특집이 문예지에서 다루어졌고 큰 이슈가 되곤 했다. 어떤 문학 평론가는 공룡이 멸망했듯이 시의 멸망은 이미 시작되었다고 진단하기도 했다. 갓 시인에 대한 열망을 품은 나에겐 이런 풍문이 좀 억울했다. 몰락한 종갓집의 맏며느리로 팔려가는 기분이었달까. 몰락에라도 가담한다면, 시의 문을 연 첫 시인이 어차피 못 될 바에 시의 문을 닫는 마지막 시인은 될 수 있겠지 싶은 이상한 포부로 시인의 세계에 입성했다. 그때부터 줄곧 시의 위기와 몰락에 관해 이야기되는 모든 비유들이 내겐 어리석게 들렸다. 시를 꼭 무엇에 비유해야 한다면, 공룡 같은 거대한 몸집의 동물에 비유해서는 안 된다. 시는 바닷속 플랑크톤에 비유되어야 하고, 땅 위의 이끼나 들풀에 비유되어야 한다. 시멘트의 작은 균열

틈새에서 뿌리를 박고 생명을 만드는, 바닷속의 덩치 큰 생명들을 숨 쉬게 하기 위해 영양분을 계속해서 제공하며 미미하지만 엄청나게 개체를 확장하는 최하등의 생명체 같은 것들에 시는 비유되어야 한다.

 시인이 가난한 것은 한 사회 안에 시인이 너무 많기 때문이다. 시인이 너무 많은 것은 세상이 너무 병들었고 제도가 너무 지긋지긋하게 갑갑하기 때문이다. 병든 세상과 낡고 딱딱한 제도에 대한 불만은 창작 행위로 이어질 때에 창조적인 에너지가 된다. 가장 저비용으로, 게다가 아무 기술을 배우지 않고 모국어만 구사할 줄 알면 가능한 높은 접근성으로 인해, 게다가 혼자서 가능한 작당이라는 창작 방식으로 인해, 세상엔 시인이 이토록 많다. 그러나 시인이 가난한 것은 가난을 선택했기 때문이다. 잘 살고자 하는 욕망이지만, 다른 방식의 잘 살고자 하는 욕망이라서 시인은 가난할 수밖에 없다. 시의 욕망이 그렇기 때문에 가난한 시인일수록 좋은 시를 쓸 확률이 높다. 윤택한 아파트에서 쓰인 시, 그림 같은 전원주택에서 쓰인 시에는 생명이 깃들어 있지 않다.

옥탑방 아니면 반지하, 도시의 변두리, 시골의 허름하고 불편한, 좁고 누추한 공간에서 쓰인 시에 오히려 생명이 깃들어 있다. 그래서 시인은 명성을 쌓을수록, 나이가 들어 안정될수록 점점 나태해진다. 조금이라도 시인으로 이름값을 얻어 예전과 다른 윤택함을 누리는 자라면, 이 나태와 고단하게 싸워야 한다. 이처럼 시인의 자리는 언제고 벼랑 끝에 있다. 벼랑 끝에서 어떻게 살 수 있나. 살 수 있다. 물질적인 풍요가 아니라 가난함이 밑천인 세계에서의 삶이므로 가능하다. 자본의 세계에서, 시인은 죽을 때까지 난간 위의 길고양이처럼 살아야 한다. 외줄타기를 하는 곡예사처럼 살아야 한다. 그게 어째서 가능한가. 시인은 태생이 길고양이여서 가능하고, 균형을 잡으려 곡예사가 한 손에 부채를 들 듯 한 손에 시를 들고 있기 때문에 가능하다.

　나는 아무것도 가지지 않고 아무것도 남기지 않고 살 수 있으면 좋겠다 생각한다. 시를 품고 시를 쓰는 것으로써 이 지난하고 부당한 삶을 겨우 통과하고 있는 현재진행형만이 내 곁에 있었으면 좋겠다. 위태로운 시대에서 위태로운 삶을 살았으되 품위를 잃지 않고 산, 많은 시인 가운데 한 사람이었으면 좋겠다. 나는 나 혼자도 너무 많은 것같이 생각[1]될 때마다, 내 슬픔이며 어리석음이며를 소처럼 연하게 쌔김질[2]할 때마다, 그 드물다는 굳고 정한 갈매나무[3]를 생각하지 않을 수가 없다. 갈매나무가 생각난다는 것도 아니고, 갈매나무를 생각해본다는 것도 아니다. 내가 지닌 모든 상상력과 모든 몰입을 동원하여, 애써 나는 갈매나무를 생각하지 않을 수가 없다는 뜻이다. 어떤 삶은 이런 식으로만 지탱할 수 있다. 어떤 삶의 가능성은 이런 식으로만 표현될 수 있다. 이것은 2012년의, 시력 19년차의, 극동아시아의, 한국어로 시를 쓰는, 여성 시인의, 가감 없는 리얼리티이다. 내가 갈매나무를 생각하는 것은 낭만적인 의미에서가 아니다. 가난하고 외롭고 높고 쓸쓸[4]해서도 아니다.

문학은 유용한 것이 아니기 때문에 인간을 억압하지 않는다.
김현, 「문학은 무엇을 할 수 있는가」에서

1, 2, 3 백석, 「남신의주 유동 박시봉방」에서.
4 백석, 「흰 바람벽이 있어」에서.

내게 갈매나무는 유용한 것이 아닌 세계를 상기시킨다. 유용하지 않기 때문에 비로소 제대로 된 해방에 닿을 수 있는 시. 이걸 대신해서 말해주는, 내 창문 바깥에 심어진 작은 나무다. 시를 쓰는 내 방 창문 바깥에는 없는 갈매나무 한 그루밖에 없다. 나는 착란이면서, 착란이 희망인 창문을 갖고 산다. 이건, 태어날 때부터 줄곧 월경越境의 지대에서만 살아온, 월경조차 내향적이고 내면적인, 소극의 소극으로 치달은, 단지 시인일 뿐인 내 삶의 리얼리티이다.

## 소통

진심으로 우리에게 소통이 가능하려면, 삶 자체가 비슷해야 한다.
다른 삶을 사는 이는 외국인과 같다. 삶만이 우리를 연결할 수 있다.

식 물 원 의 　 문 장


　기린을 좋아하지만 직접 본 적이 없다고 친구가 말했다. 동물원에 가면 볼 수 있잖아. 나는 친구의 손을 끌고 과천에 있는 동물원엘 갔다. 하필 친구는 춥디추운 1월에 기린 이야길 꺼냈을까. 동물원에 갔지만 동물은 없었다. 뺨을 세차게 때려대고 손끝을 꽁꽁 얼리는 매서운 바람만 있었다. 자판기 커피를 두 손으로 보듬으며 우리는 기린을 찾아다녔다. 기린은 저 멀리 어두운 우리 속에서 하체만을 우리에게 보여주었다. 기념품 가게의 목각 인형으로만 만나볼 수 있었다. 우리는 넓디넓은 동물원에서 식물원을 발견하고 거기에 들어가 도란도란 이야기를 나누다 돌아왔다. 동물원 속 식물원은, 한겨울의 그곳은 입을 움직일 수 없을 만큼 얼어버린 우리 뺨을 발그레하게 덥혀주었고 언 발을 간지럽게 녹여주었다. 촉촉했고 따뜻했다.

　촉촉한 습기를 가진 추운 나라가 있다면, 그 나라에서 겨울을 살겠어. 식물원 속 벤치에 앉아, 혹독한 추위 속에서 외딴 섬처럼 저 혼자 온기와 습기를 가득 머금은 이 장소에 매료돼 있었다. 나무와 꽃은 싱싱하게 초록이었고 씩씩하고 늠름했다. 키가 큰 나무는 키가 큰 그대로 촘촘하고 무성했고 키 작은 풀은 작은 대로 촘촘하고 무성했다. 습하고 따뜻한 공간에서 자기의 밀도를 최대한으로 펼쳐놓는 식물원의 풍경을 오래오래 바라보았다. 그곳에서 식물원과 같은 문장에 대해서 생각했다.

밀도와 온도와 습도. 책을 읽을 때면 으레 이 세 가지를 기준으로 문장을 측정하는 버릇이 있었다. 밀도 높은 문장을 가장 좋아했고, 습도가 낮은 건조한 문장을 신뢰했고, 온도가 지나치게 높거나 지나치게 낮은 문장에서 풍기는 과잉을 부러워했다. 하고 싶은 말이 차고 넘칠 때, 그것을 집약하려는 집중력을 전제로 하기 때문에, 문장의 높은 밀도는 글쓴이의 경지를 실감할 수 있어 좋았다.

따뜻한 문장을 가장 꺼려했다. 따뜻한 문장은 삶을 달관한 듯한 깨달음과 위로로 포장되어 있기가 십상이다. 위선에 가깝다. 곱씹으면 곱씹을수록, 삶과 손쉽게 화해해버렸다는 의미에서 패배자의 모습과 비슷한 뒷맛이 남는다. 삶의 녹록지 않음을 분별력 있게 가늠하지 않은 채로, 손쉽게 화해한 태도가 배어 나와 속임수와도 비슷한 뒷맛이 남는다. 사랑을 겪기보다는 사랑을 포장하려는, 그래서 환심을 쉽게 사려는 얕은 상술도 보인다. 따뜻한 문장으로 위로하기란 너무 쉽다. 생은 아름답고 살 만하다는 낙관은 누구나 얻고 싶어하므로, 따뜻한 문장은 인기 품목이 된 지 오래됐다. 그러나 이런 위로는 어딘가 삶과 유리돼 있다. 생이 어찌하여 아름답고 그리고 살 만한지를 알기 위해 치러야 할 지난한 과정을 보여주지 않고 은폐하려 한다. 수많은 사연과 수많은 굴곡이 흘러들고 흘러 나가는 일을 겪으며 우리 삶은 불완전한 채로 완성되어간다. 상처가 나고 옹이가 맺혀간다. 그 과정 속에서, 아프고 고통스럽고 괴롭기도 하지만 우리는 겪은 불행들을 더 잘 이해하면서 더 겸손해지고 더 예민해진다. 그리고 성장하고 늙어간다. 그 과정 자체가 삶이고, 삶을 통해서만 우리는 고귀한 경험을 할 수 있다. 이 고귀한 경험들은 따뜻한 온도의 문장이 아니라 밀도 높은 문장만이 감당할 수가 있다.

대개는 밀도 높은 문장을 골치 아파한다. 지레 질리기도 한다. 그러나 문장은 탱탱한 타이어처럼 단단해야 한다. 바람 빠진 타이어에 공기를 충전한 다음 자전거에 올라타면, 전에는 힘겨웠던 오르막도 신나게 오를 힘이 생긴다. 내가 힘 들이지 않아도 자전거 바퀴가 저절로 탄력 있게 언덕을 오른다. 문장의 밀도도 같은 원리를 지녔다. 밀도 높은 문장을 읽고 났을 때에야 우리 영혼은 탄성이 회복된다. 바닥에 부딪칠수록 더 큰 반동으로 솟구쳐 오르고 벽에 부딪칠수록 더 큰 반동으로 멀리 날아가는 공처럼, 높은 밀도를 지닌 문장은 우리의 영혼을 더 높은 곳까지 더 먼 곳까지 데려다준다. 고무공은 튀어 오르려는 자기 탄성만을 간절하게 꿈꾸고, 자전거의 타이어는 힘차게 달려 나가려는 자기 탄성만을 간절하게 꿈꾸듯, 문장은 우리 영혼을 확장할 만한 힘을 팽팽하게 응축하는 것으로써 자기 탄성을 꿈꾼다.

우리는 목숨을 연명하기 위해 자기 생명력을 이 세계의 실용적인 모퉁이에다 헌납하곤 한다. 그러고 나서 탄성이 빠져나간 고무공처럼 풀이 죽고 힘을 잃곤 한다. 살기 위해서였다는 남루한 변명을 남긴 채로 생기를 상실하곤 한다. 생기를 상실한 자일수록 밀도 높은 문장을 낯설어한다. 밀도 높은 문장을 접하는 일은 이미 잃어버린 생기를 직면하는 일이기 때문이다. 이 직면은 녹록지 않다. 외면이 마땅할지도 모른다. 밀도 높은 문장에 어느 정도 거부감을 느낀다면, 아마도 생기 잃은 자기 삶을 외면하는 중이리라.

식물원의 문장

　맨 처음 나는, 열렬하게 들끓는 문장으로 시를 쓰고 싶었다. 문장의 온도를 내 능력의 최대치로 높이고 싶었다. 밀도에 대해서도 마찬가지였다. 그랬으므로, 습도는 최대한 낮은 문장을 쓸 수밖에 없었다. 습도를 버릴수록 표독함이 배어 나왔고, 그 표독함을 기뻐했다.

　언제부터인가 내가 보여주고 싶은 이야기가 표독함만으로는 불가능해지기 시작했다. 표현해보지 않았던 것을 표현해보기 위해 나는 문장에 온도를 보태보기도 하고 습도를 보태보기도 했다. 따뜻한 문장도 아니고 축축한 문장도 아닌 채로, 온도와 습도를 어떻게 담아낼 수 있는지 여전히 궁리에 빠져 있다. 이 궁리를 나는 '식물원의 문장'이라 명명해본다. 식물원의 문장은 그러니까, 추운 겨울철에도 푸른 잎사귀를 매달 수 있는 인공 공간으로서의 문장이라는 뜻이다. 식물원은 한겨울에도, 커다란 키를 뽐내며 자랑스러운 열매를 매단 열대 식물을 제 안에 품고서 돌본다. 따뜻한 태양열이 벽을 뚫고 들어오면 다시는 빠져나가지 못하도록 간수한다. 한번 들어온 열렬함을 가두는 올가미로서의 문장. 그 열렬함에 숨을 부여하는 습기 같은 문장. 식물원은 최적의 온도와 습도를 유지하기 위해 치밀하게 애를 썼을 것이다. 식물원은 식물의 호흡과 맥박에 예민하게 귀를 기울였을 것이다.

 기린을 보러 갔다가 기린을 못 보고 식물원에 앉아 있었다. 식물원은 따뜻하고 좋았다. 꿈 같았고 섬 같았다. 그런 기후에서라면 가능할 것 같았다. 생의 아픔들을 겨우 간직한 채 겨우 발화할 수밖에 없는 어떤 위로. 옹이에 맺히는 마디처럼, 다쳐버린 생장점에 물을 주는, 절박의 또 다른 이름 같은 따뜻함. 겨울날 욕조물 같은 물기. 우리가 꽁꽁 언 두 발을 녹이며 올려다본 열대식물처럼, 문장의 힘만으로도 솟구칠 방법이 나에게 있을 것만 같았다.

 눈 감고 네 발 전체를 섬이라고 상상해봐 이를테면 열도 같은 거 사람들 사이에 섬이 있다는 말은 거짓이 되지 섬은 바로 네가 품고 있는 거니까 양말을 벗고 욕조 안으로 들어가 봐 물을 콸콸 틀어 놓고 슬그머니 발을 밀어 넣는 거야 섬에 비가 내리니? 폭포가 쏟아지니? 차가워서 흠칫 놀란 모양이구나 네 발이 파닥파닥

식물원의 문장

튀고 있잖니 걱정 마 네 섬에는 물고기들이 살고 있는 거니까 푸른 등을 가진 물고기들, 지금부터 일제히 솟구친다 알겠지?

오은, 「섬」에서

## 신해욱
### 헬륨 풍선처럼 떠오르는 시점과 시제

　신해욱의 시는 늦게 온다. 연과 연 사이가 아득하기 때문이다. 그 아득한 틈을 우리는 천천히, 너무나도 천천히 이동해야 한다. 초속 5센티미터[1]쯤의 속도로 그 틈을 통과하고 나면, 문득 우리는 다른 시공간에 있다. 신해욱의 시는, 그 연과 연 사이는 웜홀과 비슷한 데가 있다. 그 틈을 통과하면 우리는 시인이 발화하지 않은 낯선 곳에 도착한다. 이상하고도 따뜻한 정오의 공원 같은 곳에 도착한다.

　나는 오늘도
사람들과 함께 있다.

　누군가의 머리는 아주 길고
누군가는 버스를 탄다.

　그때에도

---

[1] 벚꽃잎이 지는 속도.

이렇게 햇빛이 비치고 있을 테지.

그때에도 나는
당연한 것들이 보고 싶겠지.
「그때에도」

 혼자 있는 시간이 적적할 때면 이 시를 꺼내 읽어본다. 적적함이 사라진다. 어떤 자리 어떤 순간에서 우리와 함께했던 벗들이 떠오른다. 함께했던 다정한 온기가 햇살처럼 배어 나온다. 다정했던 시간이 다하자 뿔뿔이 헤어지는 순간이 온다. 집으로 가는 버스를 타려고 총총히 돌아서는 벗들의 뒷모습. 저마다 혼자가 되어 버스의 창문에 이마를 기댄다. 시인은 비로소 등장한다. 같이 있던 시간과 헤어지는 시간의 그 사이에. 시인은 생각에 잠긴다. 그때에도 이렇게 우리는 머리를 맞대고 다정할 거고, 그때에도 이렇게 햇빛이든 달빛이든 우리를 비추겠지. 그때는 조금 전에 지나가버린 함께했던 시간일 수도 있고, 언젠간 다시 찾아올 미래의 시간일 수도 있다. 과거이자 미래인, 과거이거나 미래인. 시인은 지금 이 순간에 있다. 다했지만 또 도래할 시간, 아직 도래하지 않았어도 기약과 같이 배후에 배어 있는 시간 위에. 또 함께하겠지 하는 마음으로. 이렇게 반복되겠지 하는 마음으로. 이건 당연한 일이고, 이 당연한 것들을 그리워하는 한, 언제고 우리는 함께 있을 거야 하며.

신해욱은 이렇게 시 한 편에다 언제나 여러 시간들을 감쪽같이 섞는다. 어느 시간 어느 때를 그려 보이는 것 같다가도, 다른 시간 다른 때를 그려 보인다. 아주 조용히. 눈 깜짝할 사이에. 이것을 나는 '신해욱의 웜홀'이라 부르고 싶다.

### 1인칭의 변신술

신해욱이 발견한 웜홀의 입구는 인칭이다. 1인칭의 변신술이다. 신해욱의 시에는 인칭이 생략된 경우가 많다. 고백체를 쓰는 것으로 보아 생략된 인칭이 1인칭일 것 같기도 하지만, 천천히 읽어나가다 보면, 인칭들이 휘발되는 것이 느껴진다. 찬찬히 읽어나가다 보면, 인칭 없는 고백들이 1인칭으로 다시 수렴되는 것이 보인다. 시인은 생략된 인칭을 마치 주름처럼 접어놓았다가 다시

신해욱

펼쳐 보이는 듯하다.

1. 한 번에 한 사람이 된다는 건 충분히 좋은 일

매일 다른 눈을 뜬다.

아침은 어김없이 오고

뜨고 싶은 눈을 뜬 날엔
은총이 가득하다.

그렇지만 뜨고 싶지 않은 눈을 뜬 날에도
키스를 받고 싶다.

「눈 이야기」에서

한 번에 한 사람이 된다는 건 충분히 좋은 일이라는 말, 아마도 한 번에 한 사람이 된 어느 날에 대한 기록인 듯하다. 시인은 이런 특별한 날을 제외하면 대개 한 번에 여러 사람이 되는가 보다. 산재散在한 1인칭을 사는가 보다. 평범하고도 특별한 어느 날에야 내가 단지 한 사람이 된다. 그럴 때에는 다른 날보다 행복하게 눈을 뜨고, 그리고 은총이 충만함을 느낀다. 여기서 우리는 시인의 다른 날들을 상상해볼 수 있다. 한 번에 여러 사람이 되어 살아가는 날들. 누군가의 언니였다가 누군가의 딸이었다가 누군가의 아내였다가 누군가의 이웃이었다가 누군가의 친구이기도 한 날들. 나는 당신의 나, 혹은 그들의 나일 뿐이다. 내가 나를 만나는 일이 쉽지 않은 날들. 1인칭이 한 번에 한 사람이 되지 않고 이렇게 산재하는 날들에도 은총이 가득하다면 좋으련만. 은총까지는 아니어도, 키스를 통해 희미해져가는 1인칭의 이마가 환하게 밝혀진다면 좋으련만.

*우리 집에 가자.*
*우리 집에는*
*이름이 아주 많아.*
「방명록」에서

시인은 이 말을 누구에게 하는 걸까. 갸우뚱거리다 보면 굳이 알 필요가 없어진다. 시인에겐 1인칭뿐만 아니라 2인칭 역시도 한 번에 한 사람이 아니라 산재하는 타자들이기 때문이다. 이렇게 인칭은 산재하거나 때로 기각되어 어린아이처럼 자유롭게, 타자와의 경계를 의식하지 않고 스며든다.

신해욱의 1인칭들은 '나'라는 자명한 개체에 대한 회의에서 비롯한 듯하다. 사실, 우리 시는 이상과 김수영 이래로 1인칭 자의식의 각축장이었다. 그러나 이 1인칭은 정말로 1인칭인가. '나'라는 개체는 생활 속에서 정말로 실재하는가. '나'와 '나 밖의 것들'이 지닌 유기적인 그물망 속에서 왜소해져가는 1인칭에 대해서 생각해본다. 수많은 '나'들의 집합 속에서 희미해져가는 '나'에 대해서 생각해본다. 그리고 다음 시를 읽는다.

이목구비는 대부분의 시간을 제멋대로 존재하다가
오늘은 나를 위해 제자리로 돌아온다.

그렇지만 나는 정돈하는 법을 배운 적이 없다.

나는 내가 되어가고

나는 나를

좋아하고 싶어지지만

이런 어색한 시간은 도대체 어디서 오는 것일까.

「축, 생일」에서

어쩌다가 나 자신으로 돌아온 오늘, 도대체가 어색하다. 시인은 내 삶이 '나'를 독식해온 것을 목도해야 하는 고달픈 이 순간을 생일이라고 명명한다. 우리에게 생일이란, 나를 떠나 떠돌던 내가 어색하게 나와 마주하는 하루인지도 모르겠다.

**미래 시제를 돌아본다는 것**

신해욱이 발견한 웜홀의 출구는 '시제'이다. '미래형'이라는 시제. 신해욱의 시에서 시제는 뫼비우스의 띠처럼 독특한 방식으로 연결 고리를 맺는다. 과거인 듯한 현재, 현재인 듯한 미래로 이어진다.

신
해
욱

이럴 때 인간이라면 보통
어떻게 해야 하는 건가.

이상하다.

이렇게 시간이 많은데.
죽지 않은 지
참 오래된 것 같은데.
「과거의 느낌」에서

시인은 현재 시제 위에 서서 과거의 느낌을 들춰낸다. 뒤(과거)를 돌아본다는 것은 무엇일까. 뒤에 두고 온 것들을 돌아보는 일은, 어쩌면 '소금 기둥'을 자처하는 것은 아닐까. '소돔과 고모라' 이야기에서처럼, 우리는 뒤를 돌아보는 순간 온갖 추억들에 발목을 잡힌다. 아득히 지나온 날들은 죄악마저도 그리움으로 환산해버리는 기묘함이 있다. 그 모든 그리움이 접착제처럼 우리 신발 밑에 들러붙는다. 몸과 발이 묶인다. 그 지점에서 시인은 생각한다. 비로소 뒤를 돌아보고 비로소 정지하고 보니, 이상하다. 문득, 시간이 이렇게 많다. 이상하기도 하고 이상하지 않기도 하다. 없던 시간들은 이렇게 뒤를 돌아본 다음에야 비로소 존재를 드러낸다. 없는 줄 알았던 시간들이 이렇게나 많다. 흘러온 시간과 지금 갑자기 흘러넘치는 시간들을 물끄러미 둘러보자니, 죽지 않은 지 참 오래된 것 같다. 죽지 않은 지 / 참 오래된 것 같은데라는 두 행은 시간 개념을 교묘하게 거스르고 교묘하게 재조립한다. 죽는 날이란 미래의 어느 지점일 텐데, 시인의 문장을 받아들이자니, 과거의 어느 날이었을 수도 있겠다 싶어진다. 정말로 죽지 않은 지 이렇게 오래되었는데도, 우리는 지금 여기에 살아 있다. 무엇을 하며 살아왔을까. 두리번거리게 된다.

미래의 우리는

이런 게 아니었을지도 모르지만.

「금자의 미용실」에서

마치 미래에서 보낸 엽서 같다. 미래의 우리 바로 뒤에는 아니었을지도라는 추측형 과거 시제가 뒤따른다. 이것은 미래에 대한 이야기일까, 과거에 대한 이야기일까. 이 구절을 가만히 음미하자니, 날아갔다가 휘어져 되돌아오는 부메랑처럼 시간이 되돌아오는 것만 같다. 미래의 어느 날이 지나간 과거처럼 뒤에 보인다. 미래를 보고 있는데, 뒤를 보는 느낌이고 소금 기둥처럼 몸이 굳는 느낌이다. 시인은 미래 시제로 날아가서 과거를 이야기한다. 아니, 미래 시제가 시인에게 부메랑처럼 휘어져 날아와 과거로 안내한다. 그 묘한 시간을 낚아채 와서 시인은 미래에 대해 과거 시제로 고백하려 한다. 시제가 뒤틀릴 때 신해욱의 시들은 투명하되 모호한 느낌으로 우리에게 다가와 간곡함이 되곤 한다.

신해욱의 시를 설명하기 위해서 '군더더기가 없다'라는 말을 쓰면 안 된다. '절제'라는 낱말도 들먹이면 안 된다. 이런 용어들은 신해욱에게 조금 요란하다. 신해욱의 언어는 '곡진한 속삭임'에 가깝다. 곡진한 말은 간절함보다 더 고요하고, 정성보다 더 아련하며, 사려보다 더 신중한 말이다. 말을 아끼려고 아끼는 게 아니라, 말로 할 수 없는 말. 말들의 타임캡슐.

신해욱의 시는 늦게 온다. 행과 행 사이, 연과 연 사이, 그 사이에는 시인이 인칭과 시제를 넘나들며 남겨놓은 투명한 구멍이 있다. 우리는 그것을 '신해욱의 웜홀'이라고 부르자. 그리고 그 웜홀을 조용히 지나도록 하자. 신해욱이 발견한 웜홀에 대해 투명한 믿음[1]을 갖고서. 시인의 곡진한 속삭임을 통해서 뼈가 보일 만큼 / 뼈를 넘어설 만큼 / 선명한 이야기가 / 손끝에 만져[2]질 거다. 우리에게 귀가 두 개가 있다는 사실에 행복해질 거다. 귀가 몇 개만 더 있으면 정말 좋았을 텐데[3] 싶어질 거다.

---

[1] 신해욱, 「물감이 마르지 않는 날」에서.
[2] 신해욱, 「Texture」에서.
[3] 신해욱, 「귀」에서.

# 실 루 엣
그 림 자 론


 세상 모든 모서리를 확대하며 해가 진다. 해질 녘. 그 시간은 유독 사물이 물성보다는 그 실루엣으로 다가온다. 모든 사물이 훤히 다 보이던 낮 시간엔 못 보았던 것이 나타나고, 안 보이던 것을 발견한다. 그때마다 당신을 보고, 그리고 당신의 그림자를 보고, 당신이 그다지 멀리 있지 않은 것 같은, 숨소리인지 발소리인지, 당신 것인 듯한 소리마저 듣는다.

 그때마다 없는 당신을 만나러 가고, 사라지는 당신을 만나러 간다. 당신을 만났다는 환상을 만나러 가고, 이미 당신을 떠나버린 당신을 만나러 간다. 만나고 싶은 당신이 이미 없다는 것을 알면서도, 만나러 간다는 그 자체를 만나러 간다. 당신이 없다는 것이 실재라면, 당신을 만나러 간다는 그 자체는 환幻이다. 아니, 그 반대일지도 모른다. 환과 실재가 조금이나마 그 경계를 지우는 시각.

 하루 중에 두 번. 낮과 밤이 교차되는 시각. 해 뜰 때와 해 질 때. 이 시간은 빛이 있되 전부 다 있지는 않다. 빛이 조심스럽게, 농도와 밀도를 조금 낮추고 낮게 포복해 있다. 적들의 시선을 피하려는 병사들처럼 포복해서 이 세상 쪽으로 기어 온다. 세상 모든 모서리들은 황금빛이 된다. 아이들의 뺨에 난 솜털과 머리카락 하나하나가 빛을 머금은 채 건널목을 지나가고, 세상의 난간 위에는 먼지가 뽀얗다.

그때, 그림자는 길어진다. 어떤 때는 납덩이처럼 무겁고, 어떤 때는 치렁치렁하며, 어떤 때는 권위를 지닌 채 나를 이끌고 간다. 그것이 무겁거나 치렁치렁하거나 권위 있는 목소리를 내거나 간에, 그림자가 그렇게나 길게, 사물 끝에 매달려 강력한 호소력을 지니는 나름의 시간은 아주 짧다. 금세 세상은 아주 환해져버리거나, 아주 어두워져버리니까.

그림자와 그 그림자를 만든 사물의 경계선이 흐릿하다. 우리 눈은 지는 해와 뜨는 해를 보며 무어라 말할 수 없는 매혹적인 색을 착시해낸다. 산란하는 모든 것을 향한 우리의 황홀한 착시 때문에 우리는 늘, 불가피하게 빛의 모퉁이를 돌아서 집으로 간다. 납덩이처럼 무겁고 긴 그림자를 발끝으로 끌며.

아델베르트 폰 샤미소의 『그림자를 판 사나이』는 그림자를 하나의 상징으로 내세워서 실재하지 않는 것의 값어치에 대해 당대에 질문을 던졌다. 슐레밀이라는 사나이는 원하는 만큼 돈을

실루엣

쏟아내는 마술 주머니가 탐이 나서 악마에게 자기 그림자를 판다. 그림자 따위가 화수분과 같은 마술 주머니와 교환가치가 있을 거라고 미처 생각하지 못한 슐레밀은 그림자가 없다는 이유로 사람들에게 손가락질받고 비난의 대상이 되어 은둔자로 살아간다. 결국은 마술 주머니도 소용이 없는 삶이었지만, 소중한 한 가지 깨달음은 얻었다. 이 책의 헌사에 적혀 있듯이 만약 사람들과 함께 살고 싶어하는 이들이라면 부디 무엇보다도 그림자를 중시해야 한다는 것. 여기서 그림자는 비가시적인 가치의 세계를 통칭하는 대명사다. 당시 19세기 초의 시대 상황을 풍자하는 하나의 우화인 셈이다. 아마도 샤미소는 그림자로 무엇을 알레고리화하는가보다는 그림자를 잃어버렸다는 자신의 발견에 더 큰 의미를 두고 있었을 것이다.

  브루클린 출신의 그림책 작가 에즈라 잭 키츠는 『꿈꾸는 아이』를 통해서 그림자의 진실성을 하룻밤 꿈처럼 전달하고 있다. 잠이 오지 않는 밤, 소년 로베르토는 낡은 아파트 창가에서 종이 생쥐를 갖고 놀다 그걸 떨어뜨린다. 종이 생쥐는 떨어지면서 점점 큰 그림자를 드리운다. 바닥에 닿았을 때는 로베르토가 보기에도 놀랄 정도로 아주 커졌다. 종이 생쥐가 낙하할 때, 골목에서 서로 으르렁대며 대치하던 개와 고양이가 있었고, 그들은 종이 생쥐의 어마어마한 그림자에 놀라서 달아나고 만다. 겨우 생쥐의 그림자 때문에, 그것도 종이 생쥐의 그림자 때문에 개와 고양이의 실랑이는 끝이 난다.

이 세상에 빛이 있다는 것을 입증하면서, 동시에 이 세상이 사물들로 채워져 있음을 입증하는 것이 그림자다. 그림자 없는 사물들은 실감을 확보하질 못한다. 그림자가 있어야 평면도 입체가 되고, 신발도 땅을 디딘 것처럼 되며, 나무도 뿌리를 내린 것처럼 된다. 그림자가 없다면 그것은 날고 있는 것이거나, 영혼의 세계를 상징하고 있는 것이거나, 거짓이다.

사물은 직진하고자 하는 빛의 결곡한 욕망을 완강히 가로막는다. 그때 그 자리에 그림자가 생긴다. 꽃 진 자리에 열매가 맺히는 것처럼, 빛이 사물에 진 자리에 그림자가 맺힌다. 그렇게 함으로써 그림자는 빛과 사물의 관계에 대해 우리에게 묵언의 말을 건넨다.

사람을 바라보기 힘겨울 때가 있다. 오랫동안 보고 싶던 사람이거나, 나에게 할 말이 많은 듯 보이는 사람일 때는 더하다. 마주보고 이야기를 나누는 것이 어색하고 고약하다. 그럴 때 나는 그 사람의 그림자를 본다. 그래서 길을 걸으며 이야기할 때가 좋다. 땅을 바라보는 척하면서 그의 그림자를 바라볼 수 있으니까. 그와 내가 어깨를 나란히 하고 걷는다는 사실을 그림자를 통해서 알 수 있으니까.

나는 투명한 사물이 지닌 투명한 그림자가 좋다. 유리잔의 그림자는 머금은 액체를 검게 표현하면서 동시에 유리잔의 투명함을 투명하게 표현해낸다. 유리창도 마찬가지다. 커다란 나무의 그림자를 바라보는 것도 좋다. 그 커다란 그림자 안에 들어가 휴식을 취하는, 사람의 안 보이는 그림자를 짐작하는 것도 좋다.

그림자가 길게 늘어진 이른 아침이나 이른 저녁, 세계는 다른 에너지를 준비하는지 막연하고 차분해져 있다. 그때 그림자가 이 세상을 향해 걸어오는 소리가 들린다. 어떨 때는 말없는 그림자의 묵묵함과 엄숙함 때문에 무섭기까지 하다. 출두 명령서와도 같은 그림자를 따라 어디론가 가야 할 것만 같다. 그럴 때는 내가 걸어가는 것이 아니라, 그림자가 나를 데리고 가는 것이다. 그를 따라가면 그곳은 감옥처럼 나를 가둘 곳임이 틀림없다. 어차피 갇힐 거라면, 기꺼이 갇히는 것도 내가 선택할 수 있는 자유일 거란 생각이 든다. 그래서 나는 번번이 그림자를 따라간다.

 길을 걷는 내가, 나의 걸음걸이가 지닌 표정을 읽을 수 있는 것도 내 발끝을 끌고 앞으로 가고 있는 내 그림자 덕분이다. 표정은 짓는 것이 아니라 읽히는 것임을 선명하게 알 수 있다.

 언젠가 어떤 그림자가 나를 내려다보는 꿈을 꾼 적이 있다. 나를 내려다보는 그림자의 시선은 서늘했다. 그에게 시선이 있었을 리가 만무한데, 나를 바라보는 그 눈길을 나는 보았다. 나를 바라보던 그림자와 마주한 꿈속에서, 나는 그림자를 무슨 어머니처럼 바라보았던 것 같다. 어머니의 눈길로 나를 바라보던 그림자 때문인지 몰라도, 내가 따라가야 할 조물주 같기도 한 그의 형체는 참 단정해 보였다. 색도 지니지 않고, 표정도 지니지 않은 채, 자세만으로 나에게 많은 말을 건넸다. 일어나 꿈을 기억한 아침에 나는 그것을 시로 기록했다.

 시 역시 그림자와 같지 않을까. 빛의 방향과 사물의 모서리를 제시한다는 점에서. 이 세계에 현현한 모든 현란한 것의 표정을 지우고, 그 자세만을 담으려 한다는 점에서. 시 쓰는 일은 그림자와 마주하는 일이다. 빛은 어깨 뒤에 있고 그림자는 내 앞에 있을 때에 시 쓰는 일이 가능해진다.

나는 하루하루, 해가 지는 것을 보고, 또 해가 뜨는 것도 본다. 그사이, 한밤중에는 스탠드 불빛 하나로 밤을 견딘다. 내 그림자 하나가 빈방을 메우고 빈방에서 움직인다. 고개를 돌려 빈 벽에 그려진 나의 그림자를 바라보며, 그가 나를 지켜본다는 사실에 놀라기도 한다. 적요를 더 지독하게 만드는 데에 그림자는 한몫한다. 그럴 때, 등이 따갑고 마음이 신산하다. 그럴 때, 차마 마주보지도 못하고, 당신 그림자에 시선을 두고 말 이 삶이 더 선명하다. 그럴 때, 당신이 무늬를 그리며 내 안에 있다는 것을 알겠다. 더 빨리, 더 견고하고 완벽하게 당신의 온몸이 나의 온몸이 되는 걸 느낀다.

이제 그림자가 길어질 시간이 또 다가온다. 길어진 나무 그림자의 정수리를 밟으며 나는 아침 산책을 나갈 것이다. 새소리에도 이슬이 묻어 있듯이, 그림자에도 이슬이 묻어 있을 것이다. 그럴 때 나는 산책을 하는 중이 아니라 그림자를 따라가는 중이다.

나와 내 그림자를 한꺼번에 응시하는 저 위의 누군가가 있을 것이다. 나는 단지 그림자를 제조하는 하나의 사물일 뿐이고, 나의 그림자가 그에게는 기록하고 싶은 하나의 대상이 될 것임을 나는 안다. 그래서 나는 산책 중에, 나를 관조 중인 내 그림자와 저 위에서 나와 내 그림자를 함께 관조하고 있을 누군가를 위해, 하나의 사물이 되어본다.

> 등을 돌려 걷기 시작한 두 사람
> 초조한 발밑에서
> 그림자는 길게 겹쳐져
> 녹아버린 채
> 불이 켜지기 시작한 가로등 아래
> 떨어지기를 거부하고 있다
>
> 다이 요코, 「그림자」에서

# 삭는다

한데에 내놓아 비바람 맞고 삭아가는 물건처럼, 사람도 삭는다. 비바람이 아니라 사람에게.

## 심보선
### 감염의 가능성을 생각함

누나 하고 심보선은 인터넷 메신저로 말을 건다. 어떻게 지낸다는 얘기가 아닌, 어떤 생각을 하고 지낸다는 안부를 건넨다. 어떻게 생각해? 하고 그는 묻곤 한다. 조언을 구하기 위해서가 아니다. 무엇에 대해 누군가가 품는 생각을 그는 늘 궁금해하기 때문이다. 길 가다 만난 길고양이나 가로수에도, 나뭇가지를 옮겨 다니는 새에도, 함께 지내는 강아지 라마에도 어떻게 생각해? 하고 언제나 물을 사람이다. 그와 제법 많은 얘기를 나눠온 나는 거의 모든 세세한 세상일에 대해 내 의견을 말한 것 같다. 그리고 그의 의견을 들어온 것 같다. 그의 친구라면 누구든 나처럼, 그에게 머릿속 생각들을 남김없이 털어놓지 않을까 싶다. 비밀을 나누는 사이가 되지 않을까 싶다.

비밀 수집가 심보선은 그 비밀들을 시에 담는다. 비밀을 사랑하는 만큼 심보선은 비밀을 고백하는 걸 사랑하는 사람이라서, 그의 시에는 비밀이 없다. 그에게 시는 비밀을 나누는 통로이기 때문이다. 그가 나누고자 하는 비밀이 깊고 큰 것일수록 그의 시는 친절해진다. 평이한 낱말 하나하나가 모여서 비밀을 관통해간다. 능청스러운 말투 하나하나가 모여서 고백을 점묘해간다. 그의 시는 그래서 난해하지 않은 채로 깊다. 우리는 그의 시를 읽으면서 언어의 무늬에 매혹당하기보다는, 비밀을 고백한 시인에 매혹당한다. 비밀을 엿본 자처럼 뜨거워진다. 그러므로 그의 빼어난 어떤 시에 우리가 질투를 느낀다면, 그의 언어를 향해서가 아니라 그의 영혼을 향해서일 거다.

누군가 내게 말한 적이 있다. 심보선의 시를 읽으면 이런 친구를 곁에 두고 싶다는 생각이 든다고. 그러나 심보선을 친구로 두려면 쉽지만은 않은 태도가 필요하다. 그와 우정을 나누는 일은 이 세계의 비밀로 짠 벨벳의 결을 하나하나 쓰다듬는 손, 혹은 거미줄처럼 가녀린 비밀의 망들을 조심스럽게 풀어헤치는 손과 조심스러운 악수를 하는 일이기 때문이다. 비밀을 두 손에 담뿍 담은 아이의 흙 묻은 손이자, 비밀의 화덕에 덴 진물이 흐르는 손을 기꺼이 나누는 일이 되어야 하기 때문이다.

심보선의 시가 세상에 제대로 알려진 건 그의 첫 시집이 나온 다음이었다. 천천히 퍼져나갔고 사랑받기 시작했다. 심보선의 시는 평론가들이 환호하며 가져가 자기 밥숟갈을 얹어놓고 선점하며 그 시 세계가 자신의 밥상인 양 자처하는 일이 일어나지 않았다. 주목받은 것과는 조금 다른 차원에서, 그의 시 세계는 동료 시인과 독자들에게 그저 조용히 사랑받고 음미됐다. 그의 시는 이상한 가역성을 지닌 채로, 읽는 사람을 바꾸어놓았다. 그의 시집을 읽으면 시에 대해 말하고 싶은 욕망보다 시를 쓰고 싶은 욕망에 사로잡혔다. 페이지 귀퉁이를 접고 접으며, 조용히 시집을 내려놓고 내 얘기를 하고 싶게 했다. 그런 까닭에 그의 시는, 시에 대해 말하고 싶은 사람보다 시를 그저 좋아하는 사람들에게 더 사랑받았는지 모른다.

굳센 선동의 힘으로, 혹은 세심한 서정의 힘으로, 혹은 몸과 삶을 내던진 힘으로, 혹은 세련된 메타포의 힘으로, 혹은 넘치는 낭만과 광기와 전위와 실험 정신으로 시는 우리를 바꿔놓곤 했다.[1] 이 나열들에 그의 시는 해당하지 않았다. 그런데 어떻게 우

---

[1] 어떤 권위들이 어떤 시를 새롭고 낯설고 옳다고 미리 챙겨 말하곤 할 때, 그것은 풍문이 되어 떠돈다. 어떤 풍문 앞에 독자들은 고개를 갸웃하며 그것을 소비한다. 그리고 흘려보낸다. 그게 아니라면, 새롭다는 그 시의 실체를 꼼꼼히 만나보기도 전에 그 요란한 압도에 위압감을 느낀다. 위압감을 매력으로 흡수한다. 그러나 그 흡수는 해갈보다는 갈증을 한켠에서 보태오곤 했다. 이 한켠의 갈증은 정체가 무엇일까. 과연 우리는 이 권위 있는 도전들을 제대로 소화해온 걸까.

리를 바꿔놓을 수 있었을까. 이 이상한 가역성엔 어떤 인플루엔자가 담겨 있었을까. 이 이상한 가역성은 우리를 어떤 식으로 감염시켰던 걸까.

**사소한 감염 하나, 이상한 금기어들**

그의 시는 일차적으로 우릴 당혹케 했다. 사랑, 이별, 추억, 미련, 고독, 욕망, 수치, 체념, 불안, 전락, 진리, 혁명, 절망, 환멸, 침묵, 인생, 상실, 우울, 비극, 폐허, 존재, 슬픔, 운명, 번민, 심연 같은 낡아빠진 시어들을 시에 장착해서 중심축을 만들었기 때문이었다. 시를 쓴다 하는 사람들 사이에서 '금기어'로 낙인찍힌 낱말들. 그는 이런 금기어들을 데려다가 마치 그간의 홀대함에 대해 사과문을 작성하는 사람처럼, 애절하게 그 낱말들을 통과했다. 그리고 그 버려진 낱말들을 자기 것으로 조용히 가져갔다. 심보선은 자신이 가져다 쓴 금기어들을 자신만의 독점어로 취하지 않았다. 단지, 심보선 덕분에 이 낱말들은 금기로부터 해제됐다. 실은 시인들이 너무도 흠모하고 탐했던 저 낱말들을 불경스럽게도 심보선은 금기의 장소에서 훔쳐와 우리에게 건넨 셈이 됐다.

어떤 금기 하나를 깨기 위해서 시인은 때로 필사적이다. 그것이 금기였음을 알고 있고, 그 때문에 받은 억압과 싸운 흔적이 고스란히 시의 풍채에 담겨 있기 마련이다. 싸운 자가 풍기는 포스가 고스란히 시인의 카리스마가 되는 것을 우리는 김수영을 비롯해서 많은 위대한 시인들에게서 발견하곤 했다. 그에 비한다면 심보선에겐 그런 싸움의 흔적이 없다. 그것이 금기였다는 사실조차 모르는 아이처럼 그는 금기를 깼다. 금기를 깬 자의 카리스마 대신에 아이와도 같은 천진함이 그의 시의 풍채가 되는 이유가 아마도 이 때문이지 싶다.

**사소하지 않은 감염 하나, 자의식의 발생 장소**

자기 정체성. 이건 흔히 확립해야 하는 것으로 알고 있다. 자기 정체성을 확립하려는 자가 첫 번째 하는 일은 타자의 시선에 비친 자신의 정체성을 파악하는 것이다. 그래서 타자의 시선으로 자신과 타자와 세계를 보는 것이다. 그래야 내가 누구이고 어디에 있고 무엇을 하고 있는지 덜 불안해하면서 둘러볼 수 있다. 살아가는 일의 흔들림으로부터 중심을 잡을 수 있다. 심보선은 이 불안으로부터 자신을 보호하기 위한 자기 중심을 거절한다.[2] 이 거절은 자기의 중심이 어떤 감염에 의해 겪게 될 변화를 위해서 보류된 거절이다. 타자에게 기꺼이 감염되기를, 세계에 기꺼이 감염되기를 갈망하기 때문에 행하는 거절이다. 그의 갈망은 그가 어린아이처럼 멍 때리는 시간에 찾아온다. 갈망이 가고자 하는 장소로 호기심 많은 소년처럼 따라간다. 그런 후, 사려 깊은 청년처럼 갈망의 행위를 조망한다. 이것이 나로부터 나온 것이냐, 타자로부터 나온 것이냐, 혹은 세계로부터 나온 것이냐, 고민에 빠진다. 제삼자[3]가 사건을 관찰하듯, 갈망이 일으키는 작용들을 살펴본다. 노련한 학자처럼. 그리고 비로소 기록한다. 갈망이 어떤 또 다른 갈망과 연결되었는지를. 사랑의 불가역한 힘에 사로잡힌 심장을 손바닥으로 지그시 눌러 다독이는 연인의 손길로. 그렇게 그는 보류된 자기 중심의 장소에서 겪는 다사다난한 사건을 통과한다. 그의 시집 한 권이 그렇기도 하지만, 그의 시

---

2 '자기 중심'을 거절하는 사건은 보다 세련된 방식으로 많은 시인들에 의해 행해지고 있다. 이수명은 자의식을 진공 상태로 만든다. 신해욱은 자의식의 둔갑술을, 김행숙은 자의식의 사물화를, 이장욱은 자의식과의 거리 두기를 행한다.

한 편 한 편이 이 사건을 통과하는 과정 자체의 기록이다. 『눈앞에 없는 사람』에는 이러한 진화 과정을 자세히 그려낸 시편이 수두룩하다. 그래서 심보선의 시의 장소는 자의식을 솜씨 좋게 부려놓는 장소가 아니라, 자의식이 비로소 발생하는 경이의 장소가 된다.[4]

첫 시집 『슬픔이 없는 십오 초』에서 그는 언제나 관찰자였다.

---

3  심보선의 시 「매혹」에 등장하는 인물. "사랑하는 두 사람 / 둘 사이에는 언제나 조용한 제삼자가 있다 / 그는 영묘함 속으로 둘을 이끈다 / 사랑에는 반드시 둘만의 천사가 있어야 하니까". 심보선은 '제삼자'를 '천사'로 변형하고 있는데, 「인중을 긁적거리며」에서 이 천사는 다시 등장한다. "내가 아직 태어나지 않았을 때, / 천사가 엄마 배 속의 나를 방문하고는 말했다. / 네가 거쳐온 모든 전생에 들었던 / 뱃사람의 울음과 이방인의 탄식일랑 잊으렴. / 너의 인생은 아주 보잘것없는 존재부터 시작해야 해. / 말을 끝낸 천사는 쉿, 하고 내 입술을 지그시 눌렀고 / 그때 내 입술 위에 인중이 생겼다"라고 탈무드를 인용했다. 그러니까, 제삼자는 천사이자 우리의 입술을 쉿! 하고 지그시 눌러 인중을 만든 인물이다. 인중(人中). 사람의 가운데. 혹은 사람과 사람의 그 가운데. "사랑하는 두 사람 / 둘 사이에는 언제나 조용한 제삼자가 있다"는 표현. '사랑하는 두 사람이 마주하고 있을 때에, 우리가 거쳐온 모든 전생에 들었던 뱃사람의 울음과 이방인의 탄식은 우리는 잊어야 하며, 아주 보잘것없는 존재부터 시작해야 한다'는 조언이, 인중처럼 새겨져 있다는 뜻이 된다.

4  자기 중심적 자의식을 시의 귀중한 자산으로 오랫동안 믿어온 우리에게, 많은 시인들(주 2에 언급한 시인들을 비롯하여)이 보여준 자의식에 대한 다른 태도들은 색다른 세련됨을 선사하는 반면, '그래서 우리의 자의식은 어찌됐는가' 그 안부가 궁금하지 않을 수가 없었다.

심보선

두리번거리고 중얼거리는 독특한 카메라의 시선으로, 자신을 포함하여 자신을 둘러싼 세계를 시에 담았다. 이 독특한 그의 시선에 대해서 나는 언젠가 '1.5인칭 시점'이라고 호명한 적이 있다. 1인칭과 2인칭 그 사이, 1인칭보다는 거리를 두었지만 2인칭은 아닌. 그래서 모든 고백이 쏟아져 나오지만 그 어떤 뜨거운 고백도 서늘함이 유지되는 적정 위치. 자기 고백을 통해 자기 고백조차 낯설게 치환될 수 있는 딴사람의 위치. 그렇게 심보선은 새로운 시선이 되는 일을 첫 번째 시집을 통해 즐겼다. 그러나 그 이후, 그는 조금씩 시선이 아닌 사건을 통하여 딴사람이 되어갔다. 그는 언제나 좋은 시가 가능할 문학적 사건이 발생하는 장소에 있었다, 행운처럼. 어째서 그런 행운이 가능했을까. 그는 언제나 문학적 사건을 발명하는 자이기 때문에 그런 경이가 가능하다. 그는 사소한 발견 하나에서 하나의 발명을 끌어낸다. 언어의 힘으로가 아니라, 영혼의 힘으로. 다른 시인들이 메타포를 통해 언어의 연금술을 구사할 때, 그는 언어에 기대지 않고 영혼에 기대어 연금술을 구사한다.

심보선을 통해서 우리는 알 수 있다. 어떤 특별한 문학적 사건은 발생하는 게 아니라 발명하는 것이란 사실. 심보선의 시집이 우리에게 만족스러울 뿐만 아니라 아껴 읽고 싶은 귀한 시집이 된 이유를 설명하기 위해 로버트 카파Robert Capa의 말을 인용한다. 당신의 사진이 만족스럽지 않다면, 그건 그만큼 가깝지 않기 때문이다.

그가 앞으로도 사건이 발생하는 장소에 있기를. 거기서 목격자가 아니라, 사건을 발생하는 자로 존재하기를. 감염된 자가 되어 감염의 과정을 밝히고 그 가능성을 우리에게 또 건네주기를. 그리고 우리가 아직도 영혼을 지닌 인간이라는 사실을 끊임없이 말해주기를. 우리는 그의 사건을 선물처럼 소중히 받아 들기를.

나는 어제 산책을 나갔다가 흙길 위에
누군가 잔가지로 써놓은 '나'라는 말을 발견했습니다.
그 누군가는 그 말을 쓸 때 얼마나 고독했을까요?
그 역시 떠나온 고향을 떠올리거나
홀로 나아갈 지평선을 바라보며

심보선

땅 위에 '나'라고 썼던 것이겠지요.
나는 문득 그 말을 보호해주고 싶어서
자갈들을 주위에 빙 둘러 놓았습니다.
물론 하루도 채 안 돼 비가 오거나 바람이 불어서
혹은 어느 무심한 발길에 의해 그 말은 흔적도 없이 사라지겠지요.

심보선, 「'나'라는 말」에서

# 씨앗을 심던 날
## 단어를 찾아서

 꽃씨를 심었다. 호미와 모종삽을 들고 마당을 팠다. 검고 누런 잎들이 시체처럼 덮여 있던 흙 밑에는 시꺼먼 벌레들이 바글거렸다. 작년 뜨거웠던 여름날, 꽃잎이 새까맣게 죽어 떨어져 내릴 때 보았던 것이 떠올랐다. 꽃자루 끝에 오밀조밀 모여 있던 것들. 벌레가 까놓은 알처럼 징그럽게 바글바글하던 것들. 꽃잎은 지는 게 아니었다. 안에 품고 있던 꽃씨를 위해서 자리를 비켜주는 것이었다. 그 꽃씨들을 종이에 받아, 옛날 약사가 약을 싸듯 접어 꽃 이름과 날짜를 적어 서랍에 넣어두었다.

 한련화와 매발톱은 아무렇게나 잘 자라주어 좋고 양귀비나 연꽃은 칙칙한 마당을 단번에 화사하게 해주어 좋고 채송화나 데이지나 봉숭아 같은 것들은 소소하게 아기자기한 흔들림이 좋다. 알이 가장 굵고 호두처럼 단단한 연꽃 씨앗은 떡잎이 나는 한쪽 껍데기를 샌드페이퍼로 갈아주어 떡잎이 삐져나올 수 있게 도와줘야 한다. 그렇게 해서 작년 여름 땡볕 아래에서 건진 것들을 겨울이 끝난 자리에다 심어두었다.

 그 전날은 밤새 홍대 앞에 있었다. 시를 왜 쓰니까 같은 곤란한 질문에 대해 S 시인은 삶은 감옥이고 감옥에서의 삶은 견디는 것이고 견디는 것은 고통스러운 것이고 그 고통이 좋은 것으로 느껴질 때에 그걸 가장 잘 보존해줄 수 있는 게 시라고 생각한다라고 대답했다. H 시인은 그 어떤 것에도 익숙해지지 않는 것이 비성년의 사는 방식이라면 시인은 비성년이어야 할 것이다라고 말했다. S는 우리말의 시제가 너무 부족하고 부족해서 정확한 표현을 찾다 보면 어지러워진다라고 말했다. 그 어지러움 덕분에 S의 독특한 시제는 우리를 야릇한 세계로 초대해놓는 것 같았다. H는 단어 사이의 장력을 주시한다는 말을 했다. 명사를 동사처럼 사용하고 싶어서 많이 궁리한다고 했다. H의 시에서 야릇한 거리감을 두고 흐르던 삽화들이 떠올랐다. 분명 정지 화면처럼 고요한데도 이야기가 깃든 영화처럼 조금씩 움직이던 이미지들. 시제의 부족함과 단어의 장력에 대해 이토록 계속계속 생각하고 생각하는 사람은 시인들뿐일 것이다. 또한 시제에 대한 현기증과 단어의 장력만으로 사람들과 소통하며 사랑이라는 걸 받는 자도 시인뿐일 것이다. 시인은 잠자리 같고 개미 같고 하여간 미물과 어딘가 닮은 점이 많다.

    시인에게 문장은 전부다. 문장에 한 시인의 호흡기관과 오장육

부와 골격과 피부와 핏줄과 근육이 다 들어 있다. 문장으로 사유하고 문장으로 탄식한다. 침묵도 엄살도 통증에의 호소도, 휴식도 몽상도 문장으로 한다. 배변도 섭취도 문장으로 한다. 시인에게 문장은 성기와 같다. 문장으로 고백하고 문장으로 사랑하고 문장으로 교감하고 문장으로 희열한다. 한 가지의 신체 기관으로 먹고 싸고 생식하는 모든 것을 해결하므로, 시인은 하등하고, 그리고 단세포고, 박멸이 불가능한 이상한 돌연변이다.

단어를 고르는 일에 능력이 있다면 나는 하루에 시를 열 편쯤은 쓸 수 있을 것만 같다. 문장은 도착해 있는데 내가 아는 단어들은 낡아, 나는 늘 새로운 단어에 갈급하다. 새롭되 전혀 새롭다는 느낌은 없이, 낡고 익숙한 느낌은 결코 아닌 채로, 문장 속에 슬그머니 스밀 수 있는 단어 하나를 찾는 데에 매일매일을 다 써버린다. 온 동네를 거닐고 커다란 사전을 꺼내고 인터넷을 뒤지고 낯선 나라로 여행을 떠난다. 그 밖의 일들엔 아무 관심도 없다. 내게 단어를 선물해준 것이 기뻐 꽃씨를 심었고, 값진 단어 하나를 주워듣기 위해서 친구를 만났다. 요즘은 날씨와 날씨에 속하는 단어들에 사로잡혀 있다. 겨울이 혹독했고 뒤늦게 봄이

흥건했다. 벌레의 알처럼, 꽃자루 끝에서 바글거리던 꽃씨들처럼, 무언가가 내 속에서 바글거린다. 이상한 갈증과 이상한 절망과 이상한 욕구로 나는 내가 귀찮을 지경이다. 모종삽으로 흙을 팠을 때에 보았던 땅속 애벌레들처럼, 꿈틀꿈틀대는 이 시커멓고 징그러운 것들을 표현해줄 낯선 낱씨를 기다리는 중이다.

가장 용감한 단어는 여전히 비겁하고,
가장 천박한 단어는 너무나 거룩하다.
가장 잔인한 단어는 지극히 자비롭고,
가장 적대적인 단어는 퍽이나 온건하다.

그 단어는 화산 같아야 한다.
격렬하게 솟구쳐 힘차게 분출되어야 한다.
무서운 신의 분노처럼,
피 끓는 증오처럼.

비스와바 쉼보르스카, 「단어를 찾아서」에서

## 씩 씩 하 게

　어제 너를 만났다. 차가 막혀 40분 정도 늦었더니, 오랜만에 왕림한 홍대 앞에서 혼자 쇼핑을 하며 너는 나름대로 즐거운 시간을 보내고 있었어. 우린 함께 조그마한 가게들이 다닥다닥 모여 있는 골목을 걸었지. 자주 그랬던 사이처럼 팔짱을 끼고서 이 골목 저 골목 가게들을 기웃거렸지만, 실은 우리가 함께 이런 데이트를 해본 건 이번이 두 번째야. 우린 30년 가까이를 언제나 편지로만 친하게 지냈지. 너와는 함께 영화를 본 적도, 여행을 가본 적도, 쇼핑을 해본 적도 없어. 그래도 우리는 고등학교 때 거의 모든 책을 함께 읽고 그 느낌을 편지에 썼지. 선물도 많이 주고받았고. 좋아하는 노래를 카세트테이프에 담아 케이스를 최대한 예쁘게 꾸며서 건네는 선물을 우리는 참 좋아했지. 기억하니?
　우린 그때 오총사였어. 지금 너무 다른 삶을 살고 있는 우리 다섯은 그때도 실은 많이 달랐지. 그토록 다른 우리가 어떻게 친구가 될 수 있었을까 하고 어제 네게 물었을 때 네 대답이 참 유쾌했어. 우리 네 사람은 두 사람씩 짝이었고, 앞뒤에 앉았지. 내가 61번이었고, 네가 62번이었어. 우리 반의 최장신 네 명. 그리고 언제부턴가 우리 옆에 와 있던 키 작은 친구 하나. 인간관계에 대해 워낙에 게으른 우리의 천성 때문에 우리가 친해진 거랬지? 마음에 맞는 친구를 찾기 위한 탐색을 하지 않고, 첫날부터 뒤만 돌아 넷이서 도시락을 함께 먹었던 게 그 시작이었어. 그러고는 아무 생각 없이 친해졌지. 고3 때는 같은 독서실에 모여 살았어. 너는 공부를 열심히 하느라 우리와 놀아주지 않았어. 우리는 성산시장에서 떡볶이를 사 먹고 라디오 방송을 듣고 신청곡을 적은 엽서를 보내기도 했어. 둘러앉아 좋아하는 남자애 얘기도 했어. 누구는 남들이 모두 좋아하는 아이를 좋아했고, 누구는 자기를 좋아해주는 남자애에게 맘이 열리고 있었고, 누구는 총각 선생님을 좋아했고, 누구는 남자 친구를 만나러 나가서 돌아오지 않았지. 우리는 엄마들마저 친구가 돼버릴 정도로 붙어 다녔어, 이 집 저 집을 전전하며.

한 사람은 수학을 전공했고, 한 사람은 미술을 했고, 한 사람은 재수를 한 끝에 자기가 원하던 성악을 전공했고, 너는 의대를 선택했고 나는 문학을 선택했지. 모두가 자기가 어린 날부터 꿈꾸던 걸 할 수 있게 됐어. 다행스럽게도.

누군가에게 가장 온전하게 행복한 삶을 사는 이로 비춰질 너.

그런 네가 내게 이런 말을 했어. 결혼을 해서 진짜 행복하게 사는 사람은 거의 없는 듯하다고. 꿈이 사라진 자리에서 계획만 세우고 산다고. 누구는 떵떵거리며 살게 되었고, 누구는 자기 뜻대로 살게 되었고, 누구는 보람을 아는 삶을 살게 되었고, 누구는 그 분야의 탁월한 전문가가 되어 있기도 하지만, 모두가 치명적인 결핍이 있다고. 사랑에 대해 순정 그 자체여서 어여뻤던 한 친구는 이혼을 하고 바다 건너 외딴 나라에 가서 연락이 두절되어 있고(사랑 때문이라면 죽을 수도 있다는 걸 느끼게 해준 유일한 친구였지), 세상 모든 남자들을 다 만날 듯이 화려한 싱글로 지내다 가장 늦게 결혼한 (남자가 다 똑같은 줄 미리 알았더라면 그렇게 열심히 고르려 하지 않았을 텐데!라는 명언을 남긴 채) 한 친구는 아기를 낳고 건강이 좋지 않아 늘 목소리에 힘이 없지. 한 친구는 동두천의 험한 아이들을 진심으로 아끼는 교사가 되어 있고, 그리고 너는 언제나 1등을 지키며 꿈꾸던 바대로 의사가 되었으나, 사는 게 허무하게 느껴져서 최근에 일을 때려치우고 백수가 됐고.

  결혼을 했기 때문이 아니라, 그 누구도 진짜 행복하게 살 수는 없다는 생각을 해보는 아침이야. 우리가 이렇게 미숙한 채로 한 결혼이 어떻게 성숙할 수 있을까를 생각해보는 아침이야. 우리는 사람을 이해하는 방법을 어디에서도 배우지를 못했어. 우리의 미숙한 영혼을 다른 성취욕으로 덧칠하고자 하는 이 삶에서 우리가 어떻게 행복을 알 수 있을까. 우리가 생각하는 행복은 과연 행복일까. 나에게 네가, 너에게 내가 행복해 보일 수는 없을 것도 같아. 우리는 서로의 결핍감을 너무도 잘 아는 사이니까. 하지만 어제 너를 만나고 오늘 내내 네 생각을 하는 나에게, 행복에 대한 다른 생각이 자꾸 찾아와. 그때 우리는 곧 행복해질 수 있을 거라고 생각했고 많은 것을 참고 견뎠지만, 사실은 행복했던 것도 같아. 친구와 함께 진심으로 마음을 다할 수 있는 그때 그 나이, 그 나이니까 누릴 수 있었던 행복들이 있었던 것도 같아. 그때 너는 나를 턱없이 믿어주는 유일한 친구였어. 공부도 안 하고 언제나 화가 난 듯 미간을 찌푸린 채 나타나는 나를 언제나 반갑게 옆에 앉게 해주었지. 네 눈에 비친 나를 나는 내 자신보다 더 좋아했던 것 같아. 네 눈에 비친 내가 되려고 어쩌면 여태껏 살았을지도 모르겠단 생각이 들어. 오래된 친구는 오래 묵은 서로의 결핍을 사랑해주는 사이라고 생각해. 나는 너의 결핍을, 너는 나의 결핍을. 그러니까 나는 지금, 행복이 다녀간 자리에서 살아간다고 생각해. 너도 그렇지 않을까. 어쩌면 행복이 지금 막 다녀간 자리에서 우리는 매 순간 행복에 대해 생각하는 것은 아닐까. 어제 너를 만난 오늘처럼 말야.

 열아홉 크리스마스 때였을 거야. 한 번도 함께 쏘다니며 놀아주지 않던 공부벌레인 네가 처음이자 마지막으로 나와 함께 밤늦도록 신촌을 누벼주었지. 그때 너는 내게 녹음테이프를 선물해줬어. '눈'에 대한 노래들만 담아서. 노랫말들은 하나같이 몽환적이었고 따뜻했어. 스티커를 사랑하는 너는 케이스에다 눈사람 스티커도 예쁘게 붙여놓았지. 워크맨 속에 넣어 테이프가 늘어나도록 항상 듣고 다녔지. 춥지만 따뜻할 수 있었던 그 시절 유일한 내 감열선이던 노래들. 이번 크리스마스엔 내가 네게 노래를 선물할게. 그때 그 시절에 우리가 함께 듣던 노래들. 꿈을 끝내주게 높이 매달아놓아서 모든 게 눈이 시리듯 시리던 시절들에 듣던 노래들. 내용은 없이 형식만 채워가는 지금의 꿈하고는 차원이 다른 꿈이 담겼던 그 시절들의 노래들을. 그때 우린 정말 바보

<small>씩 씩 하 게</small>

였지만, 나란히 앉아 같은 노래만 들어도 우주 한복판으로 진출한 듯 든든했지. 후회 같은 것, 체념 같은 것을 발가락으로 튕기며 유희했지. 꿈을 신발처럼 신고 있어서 참으로 씩씩했지. 내가 보낼 노래들이 타임머신이 되어, 가난했지만 높았던 시절로 너를 데려가주었으면 해.

나는 알고 있어. 살던 대로 계속 살아만 가도 충분히 훌륭한 너이지만, 엉뚱하고도 먼 꿈이 계속계속 너에게 찾아오고 있다는 거. 언젠가 우리가 또다시 만날 때엔 꿈에 대해서 사춘기처럼 얘기를 나누었으면 해. 예순이 되어도, 일흔이 되어도 유희처럼 꿈에 대해 말하고 싶어서 서로를 불러냈으면 해. 만날 때마다 우리, 꿈꾸던 대로 살라고 씩씩하게 서로 응원을 해주자. 아무리 뜬금없고 아무리 헤아릴 게 많아도. 그래서 씩씩한 뒷모습을 보이며 잘 가 인사하고 돌아서자.

그럴 때면 생각하자 발을,
그 신발과 하나였던 발을

그리고 엄지발가락 유희를,

헤아릴 수 없이, 우리가

나란히 누웠을 때면 했던

우주를

다시 쏘아 올려

제자리에다 돌려놓던 유희

라이너 쿤체, 「씩씩한 원칙」에서

## 이 책에 인용된 작품들

신대철, 「박꽃」 『무인도를 위하여』, 문학과지성사, 1998
존 버거, 『그리고 사진처럼 덧없는 우리들의 얼굴, 내 가슴』 김우룡 옮김, 열화당, 2004
황인숙, 「흰눈 내리는 밤」 『나의 침울한, 소중한 이여』, 문학과지성사, 1998
올라브 H. 하우게, 「내게 진실의 전부를 주지 마세요」 『내게 진실의 전부를 주지 마세요』, 황정아 옮김, 실천문학사, 2008
롭상로르찌 을지터그스, 「나는」 『나뭇잎이 나를 잎사귀라 생각할 때까지』 이안나 옮김, 이룸, 2007
베르톨트 브레히트, 「아침 저녁으로 읽기 위하여」 『아침 저녁으로 읽기 위하여』 브레히트 외, 김남주 옮김, 푸른숲, 1995
도종환, 「단풍 드는 날」 『슬픔의 뿌리』, 실천문학사, 2002
미셸 슈나이더, 『글렌 굴드, 피아노』 이창실 옮김, 동문선, 2002
허수경, 『혼자 가는 먼 집』, 문학과지성사, 2000
함민복, 「꽃」 『모든 경계에는 꽃이 핀다』, 창비, 1996
유희경, 「珉」 『오늘 아침 단어』, 문학과지성사, 2011
허수경, 「공터의 사랑」 『혼자 가는 먼 집』, 문학과지성사, 2000
허순위, 「신부의 편지」 『말라가는 희망』, 고려원, 1992
김혜순, 「생일」 『슬픔치약 거울크림』, 문학과지성사, 2011
송찬호, 「공중정원 3」 『흙은 사각형의 기억을 갖고 있다』, 민음사, 2007
비스와바 쉼보르스카, 「식물들의 침묵」 『끝과 시작』 최성은 옮김, 문학과지성사, 2007
발터 벤야민, 『일방통행로 / 사유이미지』 최성만 외 옮김, 길, 2007
안현미, 「여행 온 아이가 여행 온 아이에게」 『곰곰』, 문예중앙, 2011
토마스 트란스트뢰메르, 「서곡」 『기억이 나를 본다』 이경수 옮김, 들녘, 2004

허연, 「산맥, 시호테알렌」 『내가 원하는 천사』, 문학과지성사, 2012

조은, 「소용돌이」 『생의 빛살』, 문학과지성사, 2010

이제니, 「피로와 파도와」 『아마도 아프리카』, 창비, 2010

토마스 트란스트뢰메르, 「사월과 침묵」 『기억이 나를 본다』 이경수 옮김, 들녘, 2004

이영주, 「공중에서 사는 사람」 〈문학과 사회〉 2011년 여름호, 문학과지성사

김경주, 「프리지어를 안고 있는 프랑켄슈타인」 『기담』, 문학과지성사, 2008

이수명, 「생의 다른 가지」 『새로운 오독이 거리를 메웠다』, 세계사, 1995

송경동, 「꿈의 공장을 찾아서」 『사소한 물음들에 답함』, 창비, 2009

송경동, 『꿈꾸는 자 잡혀간다』, 실천문학사, 2011

송경동, 「아직 오지 않은 말들」 『사소한 물음들에 답함』, 창비, 2009

이병률, 「진행의 세포」 『찬란』, 문학과지성사, 2010

김수영, 「공자의 생활난」 『김수영 전집 1』, 민음사, 2003

김수영, 「비」 『김수영 전집 1』, 민음사, 2003

김수영, 「모리배」 『김수영 전집 1』, 민음사, 2003

김수영, 「의자가 많아서 걸린다」 『김수영 전집 1』, 민음사, 2003

김수영, 「아픈 몸이」 『김수영 전집 1』, 민음사, 2003

김수영, 「달나라의 장난」 『김수영 전집 1』, 민음사, 2003

김수영, 「와선」 『김수영 전집 2』, 민음사, 2003

김수영, 「더러운 향로」 『김수영 전집 1』, 민음사, 2003

이성복, 「蒙昧日記」 『뒹구는 돌은 언제 잠 깨는가』, 문학과지성사, 1992

김수영, 「사랑의 변주곡」 『김수영 전집 1』, 민음사, 2003

김중식, 「난리도 아닌 고요」 〈창작과 비평〉 2007년 봄호, 창비

김언, 「유령-되기」 『거인』, 문예중앙, 2011

이 책에 인용된 작품들

이성복, 「어째서 이런 일이 벌어졌을까」, 『뒹구는 돌은 언제 잠 깨는가』, 문학과지성사, 1992

김수영, 「그 방을 생각하며」, 『김수영 전집 1』, 민음사, 2003

김수영, 「웃음」, 『김수영 전집 1』, 민음사, 2003

김수영, 「바뀌어진 지평선」, 『김수영 전집 1』, 민음사, 2003

강정, 「사실, 사랑은…」, 『키스』, 문학과지성사, 2008

윤동주, 「자화상」, 『하늘과 바람과 별과 시』, 정음사, 1980

진은영, 「우리는 매일매일」, 『우리는 매일매일』, 문학과지성사, 2008

비스와바 쉼보르스카, 「공개」, 『끝과 시작』, 문학과지성사, 2007

비스와바 쉼보르스카, 「20세기의 마지막 문턱에서」, 『끝과 시작』, 문학과지성사, 2007

장 폴 사르트르, 『구토』, 방곤 옮김, 문예출판사, 1999

기 유빅, 「만약 언젠가」, 『가죽이 벗겨진 소』, 이건수 옮김, 솔, 1995

하재연, 「이동」, 『라디오 데이즈』, 문학과지성사, 2006

토마스 트란스트뢰메르, 「느린 음악」, 『기억이 나를 본다』, 이경수 옮김, 들녘, 2004

김창흡, 「송상유에게 주다(與宋相維)」, 『三淵集』, 장은수 옮김

이준규, 「세월」, 『흑백』, 문학과지성사, 2006

백석, 「남신의주 유동 박시봉방」, 『백석 전집』, 김재용 엮음, 2006

백석, 「흰 바람벽이 있어」, 『백석 전집』, 김재용 엮음, 2006

김현, 「문학은 무엇을 할 수 있는가」, 『한국문학의 위상』, 문학과지성사, 1977

오은, 「섬」, 『호텔 타셀의 돼지들』, 민음사, 2009

신해욱, 「그때에도」, 『간결한 배치』, 민음사, 2005

신해욱, 「눈 이야기」, 『생물성』, 문학과지성사, 2009

신해욱, 「방명록」, 『생물성』, 문학과지성사, 2009

신해욱, 「축, 생일」 『생물성』, 문학과지성사, 2009

신해욱, 「과거의 느낌」 『생물성』, 문학과지성사, 2009

신해욱, 「금자의 미용실」 『생물성』, 문학과지성사, 2009

신해욱, 「물감이 마르지 않는 날」 『생물성』, 문학과지성사, 2009

신해욱, 「Texture」 『생물성』, 문학과지성사, 2009

신해욱, 「귀」 『생물성』, 문학과지성사, 2009

다이 요코, 「그림자」 『잠자는 거리 혹은 가라앉는 지층』 한성례 옮김, 문학수첩, 2003

심보선, 「매혹」 『눈앞에 없는 사람』, 문학과지성사, 2011

심보선, 「인중을 긁적거리며」 『눈앞에 없는 사람』, 문학과지성사, 2011

심보선, 「'나'라는 말」 『눈앞에 없는 사람』, 문학과지성사, 2011

비스와바 쉼보르스카, 「단어를 찾아서」 『끝과 시작』 최성은 옮김, 문학과지성사, 2007

라이너 쿤체, 「씩씩한 원칙」 『보리수의 밤』 전영애·박세인 옮김, 열음사, 2007